W0086068

Veröffentlichungen von Willi Hoffsümmer im gleichen Verlag

Für die Gottesdienstgestaltung
Bausteine für Familiengottesdienste. Die Evangelien der Sonn- und Feiertage in Symbolen, Geschichten, Spielen und Bildern - Lesejahr A (^{3}1998); - Lesejahr B (^{3}1997); - Lesejahr C (^{2}1995); Bausteine für Familiengottesdienste. Besondere Anlässe im Kirchenjahr in Symbolen, Geschichten, Spielen und Bildern (1996); Seniorengottesdienste 1: 177 Gottesdienste für ältere Menschen und andere Altersgruppen (^{2}1991); Seniorengottesdienste 2: 166 Gottesdienste für ältere Menschen und andere Altersgruppen (1994); 111 Bausteine für Gottesdienste mit 3-7jährigen und religiöse Feiern im Kindergarten (^{5}1995); Gottes Spur in der Schöpfung. 200 Ideen für Feriengottesdienste und Freizeiten (^{2}1993); 2 x 11 Bußfeiern mit Gegenständen aus dem Alltag (^{4}1995); 3 x 7 Bußfeiern mit Gegenständen aus dem Alltag (^{2}1996); Umkehr. 25 Bußfeiern mit Gegenständen aus dem Alltag (1996); Anschaulich verkündigen. 30 Ideen zur kreativen Gottesdienstgestaltung (1998)

Zeichen- und Symbolpredigten
Anschauliche Predigten für Kinder-, Jugend- und Familiengottesdienste (^{5}1993); 144 Zeichenpredigten durch das Kirchenjahr. Mit Gegenständen aus dem Alltag (^{7}1998); 99 Kinderpredigten. Mit Gegenständen aus dem Alltag (^{4}1996); 133 Kinderpredigten. Mit Gegenständen aus dem Alltag (^{9}1996); 122 Symbolpredigten durch das Kirchenjahr. Für Kinder, Jugendliche und Erwachsene (^{3}1994); 88 Symbolpredigten durch das Kirchenjahr. Für Erwachsene, Jugendliche und Kinder (^{2}1995)

Geschichtensammlungen für die Gemeindepraxis
Kurzgeschichten 1: 255 Kurzgeschichten für Gottesdienst, Schule und Gruppe (^{17}1998); Kurzgeschichten 2: 222 Kurzgeschichten ... (^{11}1998); Kurzgeschichten 3: 244 Kurzgeschichten ... (^{8}1997); Kurzgeschichten 4: 233 Kurzgeschichten ... (^{5}1996); Kurzgeschichten 5: 211 Kurzgeschichten ... (^{4}1998); Geschichten als Predigten (^{3}1995); In Geschichten das Leben spiegeln. Band 1. 140 Geschichten für Gottesdienst, Schule und Gruppe (1997)

Geschichtensammlungen als Bildband - das besondere Geschenk
Geschichten wie kostbare Perlen (^{7}1998); Geschichten wie Spiegel des Herzens (^{4}1995); Geschichten wie Wegweiser (^{3}1997); Geschichten wie offene Türen (^{3}1998); Geschichten wie Brücken zum Leben (^{3}1998); Geschichten wie Brunnen in der Wüste (1995); Geschichten wie Schlüssel zum Glück (1998)

Bücher zu den Sakramenten - mit Geschichten
Geschichten zur Taufe. Topos Taschenbuch 210 (^{3}1997); Bußgeschichten. Topos Taschenbuch 99 (^{6}1993); Kommuniongeschichten. Brot fürs Leben. Topos Taschenbuch 79 (^{18}1998); Firmgeschichten. Hinführung zur Firmung für Jugendliche und Gruppenleiter. Topos Taschenbuch 126 (^{9}1998); Geschichten zum Sakrament der Ehe. Topos Taschenbuch 166 (^{5}1998); Geschichten für Kranke. Topos Taschenbuch 188 (^{3}1994); Brot in unserer Hand. Mein Erstkommunionbuch (^{2}1998)

Für Gruppen und Schule
33 Gruppenstunden für Ministranten, geeignet auch für Schule, Kinder- und Jugendarbeit (^{6}1998); 27 Modelle für Gruppenstunden und Religionsunterricht (^{2}1997); Religiöse Spiele für Gottesdienst und Gruppen. Band 1 (^{6}1994); Religiöse Spiele für Gottesdienst und Gruppen. Band 2 (^{4}1993); 77 religiöse Spielszenen für Gottesdienst, Schule und Gruppe (^{3}1994); 9 x 9 Spielszenen für Gottesdienst, Schule und Gruppe (^{2}1998)

Glaubensvermittlung
Von der Schöpfung, Gott und Jesus erzählen. 100 Ideen für 3-7jährige (^{3}1998); Glaube trägt. Kleiner Katechismus für junge und erwachsene Christen (^{9}1998)

Gesamtauflage: über 900.000

Willi Hoffsümmer

15 Aufnahmefeiern für Ministrantinnen und Ministranten

Mit Zeichen und Symbolen

Matthias-Grünewald-Verlag · Mainz

Allen, die in der Ministrantenarbeit helfen,
damit Jungen und Mädchen Kontakt mit der Kirche halten

 Der Matthias-Grünewald-Verlag ist Mitglied
der Verlagsgruppe engagement

Die Deutsche Bibliothek - CIP-Einheitsaufnahme

Hoffsümmer, Willi:
15 Aufnahmefeiern für Ministrantinnen und Ministranten : mit Zeichen und Symbolen / Willi
Hoffsümmer. - Mainz : Matthias-Grünewald-Verl., 1998
ISBN 3-7867-2118-1

Umschlag: Harald Schneider-Reckels und Iris Momtahen, Wiesbaden
Umschlagbild: KNA-Bild, Frankfurt
Satz: Studio für Fotosatz und DTP, Ingelheim
Druck und Bindung: Wagner, Nördlingen

ISBN 3-7867-2118-1

Inhalt

Ministrantenaufnahmefeiern

Anhang

Hinführung

1. Oft bilden die Ministrantinnen und Ministranten in Richtung christlicher Kinder- und Jugendarbeit einer Pfarrei noch die einzige intakte Gruppe. Wenn sie nicht ausschließlich zusammenkommen, um den Plan gemeinsam zu erstellen und dann Fußball zu spielen, kann aus diesen wöchentlichen Treffs eine junge christliche Gemeinschaft erwachsen. Dann können Gruppenstunden zu einem katechetischen Ort werden. Wo erleben die Jungen und Mädchen außerhalb des Gottesdienstes noch eine Atmosphäre, in der zum Beispiel gebetet werden kann? Hier verweise ich auf meine beiden Ministrantenbücher (siehe S. 127).

2. Am Ende der Erstkommunionvorbereitung ihrer Kinder werden die Eltern ausdrücklich auf die Möglichkeit hingewiesen, daß nun eine neue Ministrantenrunde beginnt, an der die Tochter/der Sohn teilnehmen kann. Voraussetzung dabei ist die *regelmäßige* Teilnahme an der Sonntagsmesse und der Gruppenstunde. Dies darf man nicht mehr als selbstverständlich ansehen.
Ich nenne deshalb Begründungen: Für eine Freundschaft muß ich etwas tun – das gilt auch für die Freundschaft mit Jesus. Ähnlich bei der Taufe: Da kam der erste Wasserguß an das Pflänzchen „Du kannst Jesus vertrauen und ihn an die Hand nehmen", und wenn daraus ein Baum werden soll, geht es nicht ohne erneute Wassergüsse. Wenn ein Kind nur alle vier Wochen zur Gruppenstunde und zum Gottesdienst findet, was soll bei all den sonstigen Umwelteinflüssen denn da wachsen? Was wäre mit einem Kind, das nur alle vier Wochen *eine* Schulstunde erlebt?

3. Die Gemeinde soll „ihre" neuen Ministrantinnen und Ministranten kennenlernen. Deshalb findet bei uns die Aufnahmefeier im Rahmen des Sonntagsgottesdienstes bzw. der Sonntagsgottesdienste statt. Die Anschaulichkeit und Feierlichkeit wird für die Kinder, die Jugendlichen und für die gesamte Gemeinde zum Erlebnis. Zwar garantieren eine solche Feier und die regelmäßigen Gruppenstunden nicht die Kirchlichkeit dieser Jungen und Mädchen über die Pubertät hinaus, aber die jahrelange Begleitung läßt hoffen, daß das Gesäte irgendwann zu wachsen beginnt.

Willi Hoffsümmer

Hinweise

1. Die *Texte* dieser Vorschläge versuchen eine Gratwanderung: Einerseits sollten Kinder keine Texte vortragen, die sie selbst nicht verstehen; andererseits soll das Geschehen auch die Erwachsenen ansprechen, die ja in der Überzahl sind. Darum: Bei einigen Meditationen, die Ihnen zu schwierig erscheinen, können die BegleiterInnen der Ministrantengruppen den Text sprechen. Warum sollen sie, die neben den Freuden auch die Last der Gruppe und der Vorbereitung tragen, nicht ins Blickfeld kommen?

2. Bei den *Sprechspielen* sollten jeweils Name und Adresse des neuen Ministranten/der neuen Ministrantin genannt werden. Nicht, um sie aufs Schild zu heben, sondern um die Anonymität einer Gemeinde zu durchbrechen. Das gilt auch, wenn die jugendlichen und erwachsenen BegleiterInnen der Gruppe in Erscheinung treten. – Wenn ein Kind nicht vorlesen möchte, übernimmt es einen anderen Dienst und wird *dabei* vorgestellt.

3. *Lieder* habe ich in diesen Vorschlägen in der Regel keine angegeben, weil das Angebot mittlerweile unübersehbar geworden ist und (fast) jede Pfarrei ihr Eigengut hat.

4. Nicht alle *Kurzgeschichten* sind in vollem Umfang ausgedruckt. Sie würden dieses Buch umfangreicher und damit teurer machen. Viele besitzen ja mittlerweile meine Kurzgeschichtenbände 1 – 5 oder den ersten Band der neuen Reihe „In Geschichten das Leben spiegeln" und wären sonst verärgert. Vielleicht bietet sich die Möglichkeit, sie in der Pfarr- oder Schulbibliothek auszuleihen.

5. Entsprechend der Anzahl der aufzunehmenden MinistrantInnen wählen Sie bitte unter den angebotenen Texten aus. Weniger ist meistens mehr!

6. *Meine Anschrift*, falls Sie Fragen, Wünsche oder Kritik haben:
Willi Hoffsümmer, Glescher Str. 54, D-50126 Bergheim,
Fax 0 22 71 / 4 38 57.

Ich wünsche gutes Gelingen bei der Umsetzung dieser Vorschläge!

Abkürzungen in diesem Buch

GL   =   Gotteslob, Kath. Gebet- und Gesangbuch
Gl.   =   der/die Gottesdienstleiter oder -leiterin
M.   =   Ministrant oder Ministrantin,
                   Ministranten oder Ministrantinnen
Tr   =   Liederbuch „Troubadour für Gott",
                   zu beziehen beim Kolping-Bildungswerk,
                   Sedanstr. 25, D-97082 Würzburg

Erwähnte Titel meiner Kurzgeschichtenbände 1 - 5:
„Kurzg. 1" =   Kurzgeschichten 1: 255 Kurzgeschichten für
                   Gottesdienst, Schule und Gruppe
„Kurzg. 3" =   Kurzgeschichten 3: 244 Kurzgeschichten für ...
„Kurzg. 4" =   Kurzgeschichten 4: 233 Kurzgeschichten für ...
„Kurzg. 5" =   Kurzgeschichten 5: 211 Kurzgeschichten für ...

MINISTRANTENAUFNAHMEFEIERN

1. Lebendige Steine im Haus der Kirche
(Symbol Bausteine)

Vorbereitung
Zehn „Steine" aus Kartons werden für den Bau einer Kirche vorbereitet, dazu ein „Fundament", also ein großer Karton als Platte, auf den mehrere Steine nebeneinander passen. Hinzu kommt ein „Turmhelm" mit einem Hahn auf der Spitze. Auf die einzelnen Teile sind die Texte geklebt. Es kann auf jedem „Stein" auch gut sichtbar der Vorname des Kindes stehen. Das richtige Aufstellen der „Steine", die eine Kirche ergeben, sollte vorher geübt werden.

Hinweise
Siehe Seite 8.

Lied zu Beginn

Begrüßung - Hinführung
Wie diese Kirche aus vielen Steinen zusammengefügt ist, so braucht jede kirchliche Gemeinschaft auch *lebendige* Bausteine, um ein Haus zu bauen, in das es nicht hineinregnet. Wir dürfen uns als Gemeinde freuen, daß sich heute ... *(Anzahl)* Mädchen und Jungen als Ministrantinnen und Ministranten in den besonderen Dienst der Kirche stellen. Sie werden sich gleich noch vorstellen und uns einiges über die lebendigen Steine erzählen, aus denen eine Kirche zusammengefügt ist. Zunächst aber werden wir still und besinnen uns auf das, was Gott uns sagen will.

Bußakt
1.:   Mancher „lebendige" Stein sitzt locker im Gemäuer unserer Pfarrgemeinde. - Du, Herr, willst uns halten und formen.
Gl.:   Herr, erbarme dich!
Alle: Herr, erbarme dich!

2.: Mancher Stein ist schon herausgefallen und hinterläßt eine schmerzliche Lücke. – Du, Herr, bist ein barmherziger Gott, der zusammenführen möchte.

Gl.: Christus, erbarme dich!

Alle: Christus, erbarme dich!

3.: Manchen befällt die Unlust, immer wieder andere Steine ertragen zu müssen. – Du, Herr, willst beim Tragen helfen.

Gl.: Herr, erbarme dich!

Alle: Herr, erbarme dich!

Gl.: Der gute Gott erbarme sich unser. Er helfe uns beim Aufbau einer lebendigen Gemeinde, damit das Miteinander leichter fällt im gegenseitigen Halten und Ertragen.

Glorialied

Tagesgebet

Herr, unser Gott. Du bist die Mitte unserer Gemeinschaft. In dir können wir alle Gegensätze überbrücken. So hilf uns beim Bau an einer lebendigen Gemeinschaft, damit hier ein heiliger Ort entsteht, an dem wir uns geborgen fühlen. Darum bitten wir ...

Lesung aus dem ersten Petrusbrief

Gl.: *(Einleitung:)* Der heilige Petrus schrieb kurz vor seinem Tod in Rom einen Brief, in dem er Wichtiges über den Aufbau einer Gemeinde aussagt. Wir hören daraus einige Verse.

1. M.: Der heilige Petrus schreibt: „Kommt zu Jesus Christus, dem lebendigen Stein, der von Menschen verworfen und getötet wurde. Gott aber hat ihn auserwählt und geehrt.

2. M.: Laßt euch als lebendige Steine zu einem geistigen Haus aufbauen. So werdet auch ihr zu einer heiligen Priesterschaft, um durch Jesus Christus hier Opfer darzubringen, die Gott gefallen.

1. M: Dieser lebendige Stein Jesus Christus, den die Bauleute zunächst verworfen haben, ist zum Grundstein geworden. Er wurde zum Eckstein, an dem man anstößt; zum Felsen, an dem man zu Fall kommt.

2. M.: Ihr seid ein auserwähltes Geschlecht; eine königliche Priesterschaft; ein heiliger Stamm; ein Volk, das sein besonderes Eigentum wurde.

Damit ihr die großen Taten dessen verkündet, der euch aus der Finsternis in sein wunderbares Licht gerufen hat.

1. M.: Einst wart ihr nicht sein Volk. Jetzt aber seid ihr Gottes Volk. Einst gab es für euch kein Erbarmen. Jetzt aber habt ihr Erbarmen gefunden." (1 Petr 2,4–5.7b–8a.9–10)

2. M.: Laßt uns danken für Gottes Wort.

Zwischengesang

„Evangelium" aus der Apostelgeschichte

Einleitung: Wer kann uns heilen oder das Heil bringen? –
Einmal sagte Petrus vor dem Hohen Rat der Juden, erfüllt vom Heiligen Geist: „Ihr Führer des Volkes und ihr Ältesten! Wenn wir heute wegen einer guten Tat an einem kranken Menschen darüber vernommen werden, durch wen er geheilt worden ist, so sollt ihr alle und das ganze Volk Israel wissen: im Namen Jesu Christi, des Nazoräers, den ihr gekreuzigt habt und den Gott von den Toten auferweckt hat. Durch ihn steht dieser Mann gesund vor euch. Dieser Jesus ist der Stein, der von euch Bauleuten verworfen wurde, der aber zum Eck(- und Grund)stein geworden ist. Und in keinem anderen ist das Heil zu finden. Denn es ist uns Menschen kein anderer Name unter dem Himmel gegeben, durch den wir gerettet werden sollen." (Apg 4,8–12)

Nachwort: Herr, durch diese Worte heile auch uns!

Oder

Mk 12,10–11: Der Stein, den die Bauleute verworfen haben, er ist zum Eckstein geworden.

Sprechspiel

Gl.: *(nimmt das Fundament)* Die neuen Ministrantinnen und Ministranten stellen sich jetzt vor. Ich lege das Fundament, auf dem die Kinder die Kirche bauen. Wie wir im Evangelium gehört haben: Jesus Christus ist der Eckstein, den die Bauleute, die Priester damals, verworfen haben. Er wurde zum Fundament unserer Weltkirche. Ein gutes Fundament bewahrt eine Kirche vor gefährlichen Rissen, die irgendwann zum Einsturz führen können. *(Gl. legt das Fundament gut sichtbar hin. Bevor ein Kind seinen Text liest, nennt Gl. jeweils Name und Straße)*

1. M.: *(mit dem ersten Stein)* Ich bin eines der diesjährigen Kommunionkinder. Seit ... Monaten haben wir uns in einer wöchentlichen Übungsstunde auf den Dienst am Altar vorbereitet. Dabei sind wir als „lebendige" Steine geformt worden, damit der Bau der Kirche gelingt. *(legt seinen/ihren Stein an die vorgesehene Stelle)*

2. M.: *(mit einem weiteren Baustein)* Wir sind eine lebendige Gruppe aus ... *(Anzahl)* neuen Ministranten. Mit den anderen Ministranten zusammen sind wir jetzt ... *(Anzahl)* „lebendige" Bausteine an dieser Kirche. Auf jeden kommt es an, wenn der Bau gelingen soll. *(legt den Stein an die vorgesehene Stelle)*

3. M.: *(mit einem weiteren Baustein)* Manch eine oder einer von uns hat schon mal „eine Ecke ab". Aber wenn mit dem Mörtel der Liebe gebaut wird, ist das nicht entscheidend. *(legt den Stein an die vorgesehene Stelle)*

4. M.: *(mit einem weiteren Baustein)* Wichtiger ist, daß wir Jesus und seiner Kirche treu bleiben und unseren Platz ausfüllen. Dabei brauchen wir die Begleitung unserer Eltern und unserer älteren Geschwister. Und das Wohlwollen all derer, die wir hier am Altar vertreten. *(legt den Stein an die vorgesehene Stelle)*

5. M.: *(mit einem weiteren Baustein)* Manchmal wird ein „lebendiger" Stein müde oder bequem und fällt heraus. Dann trifft das auch die anderen Steine. Schon ein einziger fehlender Stein im Gewölbe richtet großen Schaden an. Darum bitten wir um euer Gebet, damit wir immer fest unseren Platz einnehmen. *(legt den Stein an die vorgesehene Stelle)*

6. und 7. M.: *(kommen mit ihren Bausteinen)*

6.: Wir Ministrantinnen und Ministranten in der Gemeinde sind nur *ein* Baustein unserer Pfarrei (Kirchengemeinde). Viele andere Gemeinschaften tragen das lebendige Miteinander mit, wie zum Beispiel die Frauengemeinschaft, der Kirchenchor ...

7.: Unsere Pfarrei (Kirchengemeinde) ist nur ein kleiner Teil in unserem Seelsorgebezirk (Pfarrverband/Dekanat). Und dieser wiederum ist nur ein kleiner Teil von unserem (Erz-)Bistum (Diözese).

6.: Unser (Erz-)Bistum ist nur ein kleiner Teil in der Weltkirche. So tragen wir alle zum großen Bau der Weltkirche bei.

7.: Entscheidend ist aber, ob jeder kleine Baustein und jede kleine Gemeinschaft von Christen in Liebe zueinander stehen. Nur dann können sie für Jesus Christus und seine Kirche werben. *(beide legen ihre Bausteine an die vorgesehene Stelle)*

8. M.: *(mit einem weiteren Baustein)* Alle „lebendigen" Bausteine sind in der Kirche gleichwertig, ob sie nun oben oder unten in den Bau eingefügt sind. In Jesus Christus darf es keine Unterschiede geben zwischen Männern und Frauen, Schwarzen und Weißen, Armen und Reichen, Alten und Jungen, Gelehrten und Ungebildeten, Sündern und Heiligen. Denn Jesus kommt es nicht auf das Äußere an, sondern auf das Herz des Menschen. Und daß wir uns für ihn einsetzen! *(legt den Stein an die vorgesehene Stelle)*

9. M.: *(mit einem weiteren Baustein)* Auf meinem Baustein ist eine Tür zu sehen. Wir wünschen unserer Kirche immer offene Türen, durch die jeder eintreten kann. *(legt den Stein an die vorgesehene Stelle)*

10. M.: *(mit einem weiteren Baustein)* Auf meinem Baustein ist ein Fenster gemalt. Die meisten Kirchen haben wunderschöne bunte Fenster. Ihre Schönheit kann aber nur der erkennen, der in die Kirche hineingeht. *(legt den Stein an die vorgesehene Stelle)*

11. M.: *(mit einem weiteren Baustein)* Wir wünschen allen, die unsere Gruppe begleiten, das richtige Händchen, uns zusammenzuhalten. Es wäre schön, wenn in unserer Gruppe Freude und Vertrauen spürbar werden. Damit wir für die Sache Jesu begeistert bleiben. *(legt den Stein an die vorgesehene Stelle)*

Predigt

(Gl mit dem Turmhelm und dem Hahn darauf) Mit dem Helm der Kirche darf ich unseren Bau abschließen. Der Turm der Kirche ist wie ein Zeigefinger nach oben, der sagen will: Bei all dem Schönen in dieser Welt vergiß nicht, daß es im Leben noch mehr geben muß als alles Sichtbare. (Andeutung auf „Kurzg. 1", Nr. 182).
Der Hahn auf dem Turm ist das Symbol für Wachsamkeit. Er möge euch

immer wieder rechtzeitig für euren Dienst wachkrähen, damit ihr zuverlässige und pünktliche Ministranten seid. Der Hahn erinnert uns aber auch an Petrus: Mögen wir Jesus Christus nie verleugnen!
(Vgl. Mt 26,34.69-75: Verleugnung des Petrus)

Es kann auch noch auf eine der folgenden Kurzgeschichten eingegangen werden:
Aus „Kurzg. 3", Nr. 200: Aus dem großen Steinblock, mit dem kein Bildhauer mehr etwas anzufangen wußte und der unnütz herumlag, meißelte Michelangelo gegen alle Neunmalklugen die unsterbliche Davidsfigur, die gelöst und gelassen zum Kampf gegen Goliath ausschreitet. *(stark verkürzt)*
Alle, die meinen, als Baustein für den lebendigen Bau einer Gemeinschaft mehr oder weniger unnütz zu sein, sind von Gott seit der Taufe berufen, ihre kleinen und großen Talente einzubringen. Und was fehlt, kann mit dem Mörtel der Liebe ausgefugt werden.

Oder:
Aus „Kurzg. 3", Nr. 76: Viele stehen heutzutage kritisch zur Kirche und der kirchlichen Gemeinschaft am Ort. Wer nur die Schadstellen an der Kirche oben oder unten mit dem Vergrößerungsglas sucht, darf nicht vergessen, daß ein Glaube, auf sich allein gestellt, leichter verdunstet. Und: Es gibt keine vollkommene Kirche, solange sie aus Menschen gebaut ist. Und in dem Moment, wo du oder ich – eben Menschen – ihr beitreten, hört sie auf, vollkommen zu sein. *(verkürzt!)*

Glaubensbekenntnis
Siehe Anhang 2, Seite 117ff, oder ein Credolied

Fürbitten
(bitte auswählen)
Gl.: Wir rufen zu dem, der unsere Mitte ist und im Fundament seines Sohnes Jesus Christus Halt und Hilfe. Die Fürbitten wollen wir still mit unserem Gebet begleiten. So laßt uns beten und bitten:

1. M.: Für alle Menschen, die nach Halt und Orientierung suchen. – *Stille*
2. M.: Für alle, die an der Kirche oben und unten leiden. – *Stille*
1. M.: Für alle, die sich hier nicht mehr wohlfühlen. – *Stille*

2. M.: Für alle, die hier und draußen eine übergroße Last an Pflichten zu tragen haben. – *Stille*

1. M.: Für alle Christen, die spüren, wie ihnen der Wind der Kirchenfeindlichkeit ins Gesicht bläst. – *Stille*

2. M.: Für die neuen lebendigen Bausteine in unserer Ortskirche, für alle Ministrantinnen und Ministranten, ihre Eltern und besonders die älteren Geschwister. – *Stille*

1. M.: Um Arbeiter und Arbeiterinnen in den Weinbergen Gottes – nah und fern. – *Stille*

2. M.: Für alle, die sich allein gelassen fühlen und verzweifelt sind. – *Stille*

1. M.: Für alle, die keine Hoffnung mehr in die Zukunft haben. – *Stille*

2. M.: Für alle, die den Tod vor Augen haben. – *Stille*

Gl.: Ja, Herr, unser Gott, hilf uns „lebendigen Steinen" auf dem Weg ins himmlische Jerusalem. Darum bitten wir durch Christus, unseren Herrn.

Gabenlied

Gabengebet
Herr und Gott. Du möchtest uns mit deinem Heiligen Geist erfüllen. So belebe und heilige uns in diesen Gaben der Erde. Und wie aus den vielen Körnern und den Trauben das Brot und der Wein geworden sind, so füge uns zu einer heiligen Gemeinschaft zusammen, die dich lobt und preist in Ewigkeit.

Präfation
für die Sonntage im Jahreskreis I: Ostergeheimnis und Gottesvolk ..., in ihm sind wir ein auserwähltes Geschlecht, dein heiliges Volk, dein königliches Priestertum ...
Oder Präfation A zum Jahrestag der eigenen Kirche: Die Kirche als Tempel Gottes ..., denn du selbst erbaust dir einen Tempel aus lebendigen Steinen ...

Einleitung zum Vaterunser
„Dein Reich komme" beten wir jetzt im Auftrag des Herrn. Auch wir entscheiden darüber mit, ob sein Reich kommen kann. So laßt uns voll Zuversicht sprechen: Vater unser ...

Einleitung zum Friedensgruß

Wir verbinden uns untereinander mit den Händen – wie in diesem Bau der Kirche die Steine das Miteinander praktizieren, damit es nicht hereinregnet! *(Hände erheben)* Der Friede des Herrn sei allezeit mit euch!

Meditation nach der Kommunion

Gl.: Wir hören eine kurze Geschichte, die uns sagen will: Es kommt auf jeden lebendigen Stein im Bau der Kirche an:

1. M.: Ein Christ träumte, er wäre gestorben und ein Engel trüge ihn in die Ewigkeit hinauf. Droben war ein herrlicher Tempel. Der Pilger bestaunte mit großen Augen dieses wunderbare Bauwerk. Plötzlich aber entdeckte er im Gewölbe eine Lücke. Offenbar fehlte da ein Stein.

2. M.: So sprach er zu dem Engel: „Was ist denn dort für eine häßliche Lücke?" Dieser antwortete: „Das ist die Lücke, die du gemacht hast. Gott hatte gerade dich bestimmt, diese kleine Stelle auszufüllen. Du hattest aber immer andere Dinge im Kopf, so daß du nie dazu gekommen bist, diese deine Pflicht, die Gott dir zugedacht hat, zu erfüllen."

1. M.: Darüber wachte der Mann auf, ließ nun das Klagen und Schimpfen über all die Unzulänglichkeiten in der Gemeinde Gottes bleiben und arbeitete künftig fröhlich mit.

2. M.: Er wollte seine Lücke am Tempel Gottes füllen.

Schlußgebet

Mächtiger Gott. Dein Wort und dein Brot und unsere Gemeinschaft hier wollten uns, deine lebendigen Steine, mit deiner Kraft durchdringen. So vertiefe unseren Glauben, mache stark unsere Hoffnung, und entzünde unsere Herzen zum mutigen Bekenntnis und zu Werken der Liebe. Dann entfalten wir dein göttliches Leben, das du uns schenken willst, durch Christus, unseren Herrn.

Segen – Schlußlied

2. Gehalten von der Mitte

(Symbol Wagenrad)

Vorbereitung

Ein großes Wagenrad, eventuell aus Styropor, steht vor dem Altar. Ein Stück Holz als Speiche und ein Kreuz, das in den Umriß einer Kirche gemalt ist (siehe Sprechspiel).

Hinweise

Siehe Seite 8.

Lied zu Beginn

Begrüßung - Hinführung

Den heutigen Tag darf die Gemeinde als besonderen Festtag ansehen, denn es stellen sich aus unseren letztjährigen Kommunionkindern ... *(Anzahl)* Mädchen und Jungen für den Dienst am Altar zur Verfügung. Dabei hilft uns das Symbol eines alten Wagenrades, Wesentliches dieses Schrittes hervorzuheben. Aber zuerst wollen wir uns besinnen und Gott um Verzeihung bitten:

Bußakt

1.:   Oft drehen wir uns nur um uns selbst. – Das Wagenrad zeigt: Richtig ist es, wenn wir uns um die Mitte drehen, die uns halten kann.

Gl.:   Herr, erbarme dich!

Alle: Herr, erbarme dich!

2.:   Nicht selten bringen wir alles durcheinander, zeigen Ecken und Kanten. – Diese Speichen im Wagenrad zeigen überall Harmonie: Keiner kann sich verletzen.

Gl.:   Christus, erbarme dich!

Alle: Christus, erbarme dich!

3.:   Manchmal kommen wir nicht vorwärts, weil etwas in uns oder an uns gebrochen ist. – Ein Wagen mit intakten Rädern erreicht schnell sein Ziel.

Gl.: Herr, erbarme dich!
Alle: Herr, erbarme dich!

Gl.: Der mächtige Gott erbarme sich unser. Er helfe uns, füreinander einzustehen. Er führe uns auf unserem Weg bis hin zum ewigen Leben durch Christus, unseren Herrn.

Glorialied

Tagesgebet

Herr, unser Gott. Wir brauchen Menschen, die uns im Leben halten. Wir brauchen besonders dich und deinen Sohn als Halt auf dem Weg zum ewigen Leben. So bitten wir: Begleite uns auf unserem Weg, der du lebst und liebst in Ewigkeit.

Kurzgeschichte

Gl.: *(Einleitung:)* Wie ist es möglich, daß ... *(Anzahl)* neue Ministranten, das heißt ... *(Anzahl)* Einzelkämpfer, in einer Gruppe zur Gemeinschaft finden? Wie ist es möglich, daß in einer pluralistischen Gesellschaft viele verschiedene Christen in einer Pfarrgemeinde zu einer Familie werden? So wurde auch der Abt eines Klosters von Besuchern gefragt:

1. M.: „Wie ist es möglich, daß alle Mönche trotz ihrer unterschiedlichen Herkunft, Veranlagung und Bildung eine Einheit darstellen?"

2. M.: Der Abt antwortete: „Stellt euch ein Rad vor. Da sind Felge, Speichen und Nabe. Die Felge ist die umfassende Mauer, die aber nur äußerlich alles zusammenhält. Von diesem Rand des Rades laufen die Speichen in der Mitte zusammen und werden von der Nabe gehalten. Die Speichen sind wir selbst, die einzelnen unserer Gemeinschaft. Die Nabe ist Jesus Christus. Aus dieser Mitte leben wir. Sie hält alles zusammen."

1. M.: Erstaunt schauten die Besucher auf; sie hatten etwas Wichtiges verstanden. Doch der Abt sagte weiter:

2. M.: „Je mehr sich die Speichen der Mitte nähern, um so näher kommen sie auch selbst zusammen. Ins konkrete Leben übertragen heißt das:

Wenn wir uns Christus, der Mitte unserer menschlichen und geistlichen Gemeinschaft, wirklich und ganz nähern, kommen wir auch einander näher. Nur so können wir miteinander und füreinander und damit auch für andere leben." (Vgl. „Kurzg. 3", Nr. 190)

Zwischengesang

Evangelium nach Johannes
Gl.: *(Einleitung:)* Jesus trat in die Mitte. Er ist der Mittelpunkt. –
M.: Am Abend des ersten Tages der Woche, als die Jünger aus Furcht vor den Juden die Türen verschlossen hatten, kam – Jesus. Er trat in ihre Mitte und sagte zu ihnen:
Gl.: Friede sei mit euch!
M.: Nach diesen Worten zeigte er ihnen seine Hände und seine Seite. Da freuten sich die Jünger, daß sie den Herrn sahen. Jesus sagte noch einmal zu ihnen:
Gl.: Friede sei mit euch! Wie mich der Vater gesandt hat, so sende ich euch!
M.: Nachdem er das gesagt hatte, hauchte er sie an und sprach zu ihnen:
Gl.: Empfangt den Heiligen Geist! (Joh 20,19–22)

Sprechspiel
Gl.: Die neuen Ministrantinnen und Ministranten erklären uns das Symbol des Wagenrades näher:

1. M.: Wie wichtig ist im Leben das Rad! Kein Auto und keine Maschine liefe, und kein Zug durchquerte das Land. Darum haben wir für unsere Aufnahme in die Ministrantenschar das Wagenrad als Symbol gewählt!

2. M.: *(hält ein Stück Holz hoch)* Um eine Speiche in diesem Rad sein zu können, müssen die Ecken und Kanten dieses Holzes hier abgerundet werden. Ich möchte eine Speiche sein, denn ich brauche eine Form, damit ich in unsere Gruppe hineinpasse. Das kann weh tun, denn ich muß mich ja ändern und ändern lassen.

3. M.: Auf jede Speiche am Rad kommt es an. Wenn zu wenige Speichen mitmachen, ist das Rad nicht sehr belastbar.

4. M.: *(mit einem Kreuz, das in eine Kirche gemalt ist)* Wir Speichen an diesem Rad brauchen eine Mitte. Sie muß uns ausrichten, ordnen und halten. Diese Mitte, die Nabe des Rades, ist für jede Ministrantengruppe Jesus Christus. Heute natürlich auch die Kirche. Ich hefte darum ein Christuszeichen innerhalb einer Kirche auf die Mitte des Rades.

5. M.: Aus dieser einen Mitte möchten wir leben. Wer die Mitte verlagert, gerät ins Schleudern, und das Rad eiert. Unsere Mitte soll Jesus Christus sein!

6. M.: Je näher die Speichen der Mitte kommen, um so mehr nähern sie sich auch einander. Je näher wir in der Kirche Jesus Christus kommen, um so mehr nähern wir uns auch gegenseitig. Bei der heiligen Kommunion wird es uns oft gesagt: Jesus Christus will uns mit Gott und untereinander verbinden.

7. M.: Auch der äußere Kreis des Rades, die Felge, bindet und verbindet. Die Felge bedeutet die Nächstenliebe und die Gemeinschaft der Christen. Hier in der Nächstenliebe wirkt sich die Gottesliebe aus. Darum ist ein Karren belastbar, weil die Räder eine Mitte haben und alle Speichen von der Kraft der Nächstenliebe gehalten sind.

8. M.: Beim Drehen des Rades werden die Speichen im Wechselspiel *be*lastet und *ent*lastet: Arbeit und Ruhe halten sich die Waage. Jede Last, die eine Gemeinschaft zu tragen hat, muß auf verschiedene Schultern verteilt werden. Dann wird der einzelne nicht erdrückt. Das gilt für eine Familie, jeden Verein, jede Pfarrfamilie, für die Kirche, aber auch für unsere Ministrantengruppe.

9. M.: Ein eiserner Reifen umschließt das Wagenrad und gibt ihm zusätzlich Festigkeit und Halt. Das Eisen macht das Rad unverletzlich auf seiner Fahrt über steinige Wege. Hoffentlich kommen in unserer Gruppe zur Gottes- und Nächstenliebe noch Freude, Zuverlässigkeit und Treue hinzu.

10. M.: In den kommenden Jahren wird das Rad oder der Karren unserer Gruppe auch schon einmal im Morast der Schwierigkeiten steckenbleiben. Dann wünschen wir unseren erwachsenen und jugendlichen Begleitern die nötigen Kräfte, immer wieder in die Speichen zu greifen und unseren Karren flottzumachen.

11. M.: Mit der großen Zahl von Mädchen und Jungen als Ministranten in unserer Pfarrei ließe sich ein Karren mit vielen Rädern bauen. Gott möge uns helfen, daß es auf diesem Gefährt fröhlich zugeht und wir in der Gemeinschaft gut zusammenhalten. (nach Elmar Gruber)

Gl.: Solange Sie, liebe Eltern und Geschwister, besonders die älteren Geschwister, am „Karren" der Kirche mitziehen, macht es diesen Kindern hier mehr Spaß – eben durch Ihre Nähe und Begleitung. Aber wenn sie nur geschickt werden, sich alleine gelassen fühlen, dann kommt es oft genug vor, daß sie lieber aussteigen. So laßt uns gleich in den Fürbitten Gott anrufen, daß er unseren guten Willen bestärkt. Aber zunächst bekennen wir, was uns hier, die wir so verschieden sind, seit der Taufe zusammenhält:

Glaubensbekenntnis
Siehe Anhang 2, Seite 117ff, oder ein Credolied.

Fürbitten
Gl.: Wir rufen zu unserer Mitte und bitten unseren Herrn und Meister:

1. M.: Für alle christlichen Kirchen: Laß sie aus deiner Mitte leben und so die Welt gerechter und gewaltfreier machen. - *Liedruf*
2. M.: Für die neuen und alten Ministrantinnen und Ministranten: Hilf ihnen, daß sie ihren Dienst froh und zuverlässig erfüllen und so zu einer guten Gemeinschaft beitragen. - *Liedruf*
1. M.: Für alle, die sich nicht wie von einem Eisenring geschützt fühlen, sondern Not und Sorgen wie Verletzungen spüren: Schicke ihnen Menschen, die helfen und heilen. - *Liedruf*
2. M.: Für alle, die aus dem „Karren Kirche" ausgestiegen sind – aus Enttäuschung oder Wut, Bequemlichkeit oder Gleichgültigkeit: Zeige ihnen die Gefahr, daß ein Glaube ohne Gemeinschaft verdunsten kann. - *Liedruf*

1. M.: Für uns selbst, die wir oft nur die Gedanken um unser Wohlergehen kreisen lassen: Gib auch uns die Sicht, uns als Speichen in deinem Dienst zu verstehen. - *Liedruf*

Gl.: Damit eine Welt entsteht, in der sich alle Menschen glücklich fühlen können. Darum bitten wir durch Christus, unseren Herrn.

Gabenlied

Gabengebet

Herr und Gott. Durchwirke diese Gaben von Brot und Wein auf dem Altar mit deiner Gnadenkraft, damit wir aus deiner Mitte leben können. Darum bitten wir ...

Präfation

... Wir danken dir besonders, weil du uns deinen Sohn an die Seite gestellt hast, der uns hält und ausrichtet und uns auch untereinander verbindet, damit unsere Welt nicht ganz durcheinandergerät. Er gibt unserem Leben Sinn und Ziel. Darum singen wir mit allen Heiligen, die aus dieser Mitte lebten und leben, und mit allen, die deine erfüllende Nähe gefunden haben, dir zu Ehren: ...

Einleitung zum Vaterunser

Wie die Speichen sich am Wagenrad mit der Nabe und der Felge verbinden, so wollen wir uns jetzt untereinander an den Händen halten und wie mit *einem* Munde sprechen: Vater unser ...

Einleitung zum Friedensgruß

Wir heben unsere untereinander verbundenen Hände hoch, damit jeder unsere Friedensgesinnung sehen kann. Der Friede des Herrn in unserer Mitte sei mit euch!

Meditation nach der Kommunion

1. M.: Herr, ich möchte immer eine Speiche sein in deinem Rad, auch wenn ich mich manchmal morsch und brüchig fühle und nicht mehr fest in dir verankert bin. Ich brauche dich. Du hältst mich fest. Du richtest mich aus.

2. M.: Herr, ich möchte immer eine Speiche sein in deinem Rad!
Oft denke ich beim Drehen: Die Last erdrückt mich noch.
Wie gut, daß es auch noch andere Speichen gibt:
Sie entlasten und helfen weiter.

1. M.: Herr, ich möchte immer eine Speiche sein in deinem Rad!
Es gibt Zeiten, da habe ich Angst zu zerbrechen,
wenn mich Vorurteile treffen, Vergessen, Gleichgültigkeit;
wenn ich Ungeduld weitergebe, Ärger und Enttäuschung.
Dann laß mich deine Mitte wieder sehen!

2. M.: Herr, ich möchte immer eine Speiche sein in deinem Rad:
Eine Speiche, die von deiner Liebe gehalten ist;
die anderen Halt gibt, die mitträgt und
in Gemeinschaft verbunden ist.

Schlußgebet

Gütiger Gott! Was wir hier empfangen haben, durchdringe uns „Speichen in deinem Rad" mit neuem Vertrauen, stärkender Hoffnung und liebevollem Herzen. Damit dein göttliches Leben sich entfaltet und Frucht bringt für das Reich Gottes auf Erden und im ewigen Leben. Das erbitten wir durch Christus, unseren Herrn.

Segen – Schlußlied

3. Christus dienen, unserem Herrn und Meister
(Symbol Puzzle)

Vorbereitung

Ein großes Bild von einem Jesuskopf, das sich an einer Ikone orientiert, wird in zehn Teile zerlegt. Im Sprechspiel werden sie zusammengefügt. Je nach Größe der Kirche muß das Puzzle mindestens 1,50 m hoch sein.

Hinweise

Siehe Seite 8.

Lied zu Beginn

Begrüßung - Hinführung
Wir feiern einen Glückstag für unsere Gemeinde, denn ... *(Anzahl)* Mädchen und Jungen aus unserer diesjährigen Kommunionkinderschar möchten den Dienst am Altar beginnen. Sie dienen damit Jesus Christus, den sie hier immer wieder im Wort, im lebendigen Brot, aber auch in unserer Gemeinschaft erfahren dürfen.

Bußakt
Weil wir immer wieder Trennendes zwischen uns und Jesus Christus spüren, rufen wir: Herr, erbarme dich ... - *Lossprechungsbitte*

Glorialied

Tagesgebet
Gott, du hast uns geschaffen, aber wir kennen uns kaum. Du liebst uns - so hat dein Sohn gesagt - , aber doch bist du uns fremd. Zeige uns dein Gesicht hier in dieser Kirche und in dieser Gemeinde. Laß uns spüren, was du uns bedeuten kannst. Lehre uns, dich zu lieben. Darum bitten wir durch deinen Sohn, unseren Herrn und Bruder, der mit dir lebt und liebt bis in Ewigkeit.

Kurzgeschichte
Gl.: Wir hören ein Gespräch zwischen einem kürzlich zu Christus bekehrten Mann und seinem ungläubigen Freund.

1. M.: Du bist also zu Christus bekehrt worden?

2. M.: Ja.

1. M.: Dann mußt du eigentlich gut über ihn Bescheid wissen. Sag mir: In welchem Land wurde er geboren?

2. M.: Das weiß ich nicht.

1. M.: Wie alt war er, als er starb?

2. M.: Das weiß ich nicht.

1. M.: Wie viele Predigten hat er gehalten?

2. M.: Das weiß ich nicht.

1. M.: Du weißt sehr wenig für jemand, der behauptet, zu Christus bekehrt worden zu sein.

2. M.: Du hast recht. Ich schäme mich, so wenig von ihm zu wissen. Aber so viel weiß ich: Noch vor drei Jahren war ich ein Trinker; ich hatte Schulden; meine Familie brach auseinander; meine Frau und meine Kinder fürchteten sich jeden Abend vor meiner Heimkehr. Aber jetzt habe ich das Trinken aufgegeben; wir haben keine Schulden mehr; wir sind eine glückliche Familie; meine Kinder erwarten mich ungeduldig jeden Abend. Das alles hat Christus für mich getan. So viel weiß ich von Christus!

(Anthony de Mello)

Zwischengesang

Evangelium
Joh 8,12 und Mt 5,14-16: Ich bin - ihr seid das Licht der Welt.
Oder: Joh 15,9-17: Liebt einander, wie ich euch geliebt habe.

Sprechspiel
(Zehn Kinder bringen die zehn Teile eines Puzzles, das zusammengesetzt einen Christuskopf ergibt, nacheinander nach vorne. Auf der Rückseite der einzelnen Puzzleteile steht jeweils der Text, den die MinistrantInnen zu sprechen haben. Damit das Puzzle bis zum Schluß interessant bleibt, wird die Augenpartie von Jesus erst zuletzt gelegt.)

Gl.: Die neuen Ministrantinnen und Ministranten möchten uns jetzt ein Puzzle legen, das nach Vollendung ihren Herrn, Jesus Christus, zeigt. Sie möchten uns dabei Wichtiges über den sagen, dem sie dienen möchten.

1. M.: *(bringt das erste Puzzleteil)* Wir möchten durch unseren Dienst am Altar dem dienen, der gesagt hat: „Ich bin das Licht der Welt." Er möchte, daß auch wir die Welt heller machen! *(Puzzleteil auflegen)*

2. M.: *(bringt das zweite Puzzleteil)* Wir dienen einem Herrn, der seinen

Schülern die Füße wusch. Das war ein Dienst, zu dem damals selbst Sklaven nicht gezwungen werden durften. Wir wissen also, wo es langgeht, wenn wir Christus dienen wollen: Zu ihm gehört, wer auch dienen möchte und nicht über andere herrschen will. *(Puzzleteil auflegen)*

3. M.: *(bringt drittes Puzzleteil)* Wir dürfen auch Fehler machen. Denn wir wissen aus der Bibel, unserem heiligen Buch: Unser Freund Jesus Christus nimmt uns an, wie wir sind. Das ermuntert uns, auch diejenigen anzunehmen, die in unserer Gruppe oder in der Pfarrgemeinde anders sind als wir. *(Puzzleteil auflegen)*

4. M.: *(bringt viertes Puzzleteil)* Wer in die Fußstapfen von Jesus Christus treten möchte, muß auch sein Wort ernst nehmen: „Ich bin gütig und von Herzen demütig!" (Mt 11,29). In dem schweren Wort „Demut" steckt: Mut zum Dienen haben! Und das in Güte! – Das möchten wir versuchen. *(Puzzleteil auflegen)*

5. M.: *(bringt fünftes Puzzleteil)* Wir sind schon seit der Taufe Jesu Freunde. Wir gehören aber erst wirklich zu ihm, wenn wir seine Gebote halten. So hilf uns, Herr, daß wir dir immer wieder vertrauen – und die Menschen neben uns lieben. Denn das hast du uns im Hauptgebot der Liebe aufgetragen. *(Puzzleteil auflegen)*

6. M.: *(bringt sechstes Puzzleteil)* Jeder von uns ist aufgerufen, die Frohe Botschaft von Jesus Christus in unsere Welt zu tragen. Wenn wir uns als Missionare fühlen, sind wir offen wie eine Bibel. Vielleicht die einzige, die draußen noch gelesen wird. *(Puzzleteil auflegen)*

7. M.: *(bringt siebtes Puzzleteil)* Wer in unserer Welt an Jesus erinnern will, muß auch Spott ertragen können. Tarzisius, der Patron der Ministranten und Ministrantinnen, gab für Jesus sein Leben hin. Sein Vorbild und seine Fürbitte helfen uns, für Christus Zeugnis abzulegen. *(Puzzleteil auflegen)*

8. M.: *(bringt achtes Puzzleteil)* Viele unserer Schulkameradinnen und Schulkameraden oder Bekannten gehen nicht mehr zur Kirche oder haben dafür nur noch ein Lächeln übrig. Darum brauchen wir euch alle hier und euer Bekenntnis, damit wir leichter an Jesus Christus festhalten können. *(Puzzleteil auflegen)*

9. M.: *(bringt neuntes Puzzleteil)* Jesus vereinigt in seiner Kirche Frauen und Männer, Farbige und Weiße, Arme und Reiche, Gelehrte und Ungebildete, Alte und Junge, Sünder und Heilige. Darum, Jesus, hilf auch uns, weniger auf das Äußere zu achten als auf die Herzen der Menschen. *(Puzzleteil auflegen)*

10. M.: *(bringt zehntes Puzzleteil)* Unsere Gruppe und die vielen anderen Ministranten in unserer Gemeinde mögen uns dabei helfen, Jesus treu zu bleiben. Damit wir ein Leben lang Freunde und Diener Jesu Christi sein können. *(Puzzleteil auflegen)*

Gl.: Jetzt erkennen wir auf dem Puzzle *den* genau, dem wir alle als Christen dienen. Er bleibt an unserer Seite – selbst wenn wir ihm zeitweise den Rücken zukehren sollten.

Glaubensbekenntnis

Siehe Anhang 2, Seite 117ff, oder ein Credolied.

Fürbitten

Gl.: Laßt uns den Herrn bitten, der Himmel und Erde und uns Menschen in seine Liebe gerufen hat. Wir begleiten die Fürbitten still mit unserem Gebet.

1. M.: Für alle Menschen, die in Kirche und Welt Verantwortung tragen. – *Stille*

2. M.: Für alle, die aus einer Gemeinschaft herauszufallen drohen. – *Stille*

3. M.: Für alle, die sich um Gerechtigkeit und Liebe bemühen. – *Stille*

4. M.: Für alle, die sich in einer Gruppe engagieren. – *Stille*

5. M.: Für alle, die nach dem Sinn des Lebens suchen. – *Stille*

6. M.: Für alle, die sich allein gelassen und abgeschoben fühlen. – *Stille*

7. M.: Für alle, die die Hoffnung auf bessere Tage verloren haben. – *Stille*

8. M.: Für alle, die den Tod vor Augen haben. – *Stille*

Gl.: Denn du, Herr, möchtest, daß alle Menschen glücklich sind. Darum bitten wir durch Christus, unseren Herrn und Heiland, der lebt und liebt bis in Ewigkeit.

Gabenlied

Gabengebet

Herr und Gott, wir legen die Gaben von Brot und Wein auf den Altar. In ihnen will Christus zu uns kommen. So öffne unsere Herzenstüren, damit wir ihm wirklich begegnen, der unser Herr ist von der Zeit bis in die Ewigkeit.

Einleitung zum Vaterunser

Wir halten die Hände wie leere Schalen vor Gott, damit er sie uns füllt: Vater unser ...

Einleitung zum Friedensgruß

So wie unser Herr die Hand zur Versöhnung reichte, so ballen auch wir sie jetzt nicht zur Faust. Wir öffnen sie, damit Brücken möglich werden. Der Friede des Herrn sei allezeit mit euch!

Meditation nach der Kommunion

1. M.: Weißt du, was Jesus aus deinem Leben machen kann?
      Er öffnet dir die Augen, und du erkennst, was keiner sieht.

2. M.: Weißt du, was Jesus aus deinem Leben machen kann?
      Er tut dir auf die Ohren, und du verstehst, was er dir sagt.

1. M.: Weißt du, was Jesus aus deinem Leben machen kann?
      Er öffnet dir die Lippen, und du sprichst aus, was keiner sagt.

2. M.: Weißt du, was Jesus aus deinem Leben machen kann?
      Er öffnet dir die Hände, und du verschenkst, was er dir gibt.

1. M.: Weißt du, was Jesus aus deinem Leben machen kann?
      Er gibt dir eine Zukunft, und du stehst auf aus deinem Grab.

(Lothar Zenetti)

Schlußgebet

Gütiger Gott. Was wir hier gefeiert haben, vertiefe unser Vertrauen auf Jesus, stärke uns in der Hoffnung auf ihn und entzünde unser Herz von seiner Liebe. Dann kann dein göttliches Leben, das du uns immer wieder hier schenkst, in uns Früchte tragen. Darum bitten wir durch Christus, unseren Herrn.

Segen – Schlußlied

4. Im Dienst des höchsten Herrn
(Symbol „Arbeitsgeräte" des Ministranten)

Vorbereitung
Die Arbeitsgeräte der Ministranten stehen bereit (siehe Sprechspiel).

Hinweise
Siehe Seite 8.

Lied zu Beginn

Begrüßung – Hinführung
Wir dürfen heute ... *(Anzahl)* Mädchen und Jungen neu in die Ministranten-schar aufnehmen. Wie in jedem Beruf muß jeder fähig werden, mit all den Werkzeugen und Geräten umzugehen, die zur Verfügung stehen. Bei der Berufung als Ministrant werden euch heilige Zeichen und Symbole anver-traut, die wir heute näher betrachten.

Bußakt
Zunächst aber bleibt festzustellen: Für euren Dienst hier am Altar werdet ihr nicht bezahlt. Daß sich trotzdem Kinder bereit erklärt haben, hier Gott zu dienen, ist bemerkenswert. Denn wir leben in einer Zeit, in der fast alle die Hand aufhalten, wenn sie Stunden und Können zur Verfügung stellen. Weil sich immer weniger melden, etwas ehrenamtlich zu tun, rufen wir: Herr, erbarme dich ...
Lossprechungsbitte: Der über alles erhabene Gott erbarme sich unser; er nehme uns an die Hand und führe uns auf den Weg des Lebens.

Glorialied

Tagesgebet
Herr, unser Gott. Dein Sohn ist in unsere Welt gekommen, um ganz nahe bei uns Menschen zu sein. Er kam nicht, sich bedienen zu lassen, sondern um zu dienen. Gib, daß wir von ihm lernen, wie wir leben sollen. Darum bitten wir ...

Lesung

1. M.: Der heilige Paulus schreibt im Brief an die Christen in der Stadt Philippi, im heutigen Ost-Mazedonien:

2. M.: Seid untereinander so gesinnt, wie Jesus es uns vorgelebt hat. Obwohl er an Würde Gott gleich war, liebte er uns so, daß er sich wie ein Sklave an unsere Seite stellte.

1. M.: Ja, sein Leben war das eines Menschen, er wurde uns wie ein Bruder oder eine Schwester. Er erniedrigte sich bis unter das Kreuz. Er nahm den Willen des Vaters an bis zum Tod am Kreuz.

2. M.: Darum hat Gott ihn aus dem Tod geholt und über alle erhöht. Als Allherrscher über das All ist Jesus Christus der Größte zwischen Himmel und Erde.

1. M.: Jetzt knien alle vor ihm nieder: Alle im Himmel, auf der Erde und unter der Erde.

2. M.: Und jeder Mund bekennt: Jesus Christus ist der Herr! (Phil 2,5–11)

Oder

Kurzgeschichten

1. Aus „Kurzg. 3", Nr. 59: Ein Fürst in China gab ein großes Fest. Ein Gast blieb beim Aussteigen aus der Kutsche am Trittbrett hängen, fiel in eine Pfütze und wollte umkehren. Der Fürst versuchte, ihn zum Bleiben zu überreden. Das gelang ihm erst, als er sich mit seinen kostbaren Gewändern in dieselbe Pfütze fallen ließ ...

2. Aus „Kurzg. 3", Nr. 124: Die beiden Töchter eines Königs leiden an einer rätselhaften Krankheit. Nur eine wird geheilt, weil sie bereit ist, sieben Jahre lang ein Kind zu pflegen, das ärmer dran war als sie selbst. Die Haltung des Dienens heilt.
Oder ähnlich in „Kurzg. 3", Nr. 240: „Das Zauber-Senfkorn" und Nr. 126 „Dankbarkeit schenkt Leben".

Zwischengesang

Evangelium nach Johannes

Gl.: *(Einleitung:)* Wir dienen einem Herrn, dem der Dienst eines Sklaven nicht zu gering war.

Erz.: Es war im Abendmahlssaal. Die Jünger aßen miteinander zum letzten Mal vor Jesu Tod. Plötzlich stand Jesus auf, legte sein Gewand ab und umgürtete sich mit einem Leinentuch. Dann goß er Wasser in eine Schüssel und begann, den Jüngern die Füße zu waschen und trocknete sie mit dem Leinentuch ab, mit dem er umgürtet war. - Als er zu Simon Petrus kam, sagte dieser zu ihm:

Petrus: Du, Herr, willst mir die Füße waschen?

Erz.: Jesus antwortete ihm:

Jesus: Was ich tue, verstehst du jetzt noch nicht; doch später wirst du es (= Gl.) begreifen.

Erz.: Petrus entgegnete ihm:

Petrus: Niemals sollst du mir die Füße waschen!

Erz.: Jesus erwiderte ihm:

Jesus: Wenn ich dich nicht wasche, gehörst du nicht mehr zu mir!

Erz.: Da sagte Simon Petrus zu ihm:

Petrus: Herr, dann nicht nur meine Füße, sondern auch die Hände und das Haupt!

Erz.: Als er ihnen die Füße gewaschen, sein Gewand wieder angelegt und Platz genommen hatte, sagte er zu ihnen:

Jesus: Begreift ihr, was ich an euch getan habe? Ihr sagt zu mir „Meister" und „Herr", und das stimmt. Wenn nun ich, euer Herr und Meister, euch die Füße gewaschen habe, dann müßt auch ihr einander die Füße waschen, das heißt, bereit sein, einander zu dienen. Ich habe euch ein Beispiel gegeben, damit auch ihr so handelt.

(Joh 13,4-15 in Auswahl)

Sprechspiel

(Die neuen MinistrantInnen bringen einzeln die unten genannten Gegenstände, auf deren Rückseite der zu sprechende Text geklebt ist. Wo sich das verbietet, zum Beispiel beim Kelch, wird der Text auf den Handrücken des Ministranten/der Ministrantin geheftet.)

Gl.: Heute wollen wir uns die Gegenstände einmal näher anschauen, mit denen Ministranten während der Gottesdienste ihren Dienst verrichten. Sie werden uns auch einige Erklärungen dazu geben. *(Bitte auswählen!)*

1. M.: Ich bringe das schwere *Meßbuch*, das auf dem Altar Platz findet. Es hilft uns, das zu feiern, was Christus uns aufgetragen hat - bis er selbst kommt in Herrlichkeit. *(legt es auf den Altar)*

2. M.: Ich trage das **Kreuz** (= *Vortragekreuz oder kleines Kreuz, das auf den Altar gelegt wird)*, das Siegeszeichen unseres Herrn, dem wir dienen möchten. Er hat uns für diese Aufgabe berufen. Wir dürfen darauf stolz sein. Wir brauchen unseren Glauben nicht zu verstecken, wenn wir manchmal hinter dem Kreuz in die Öffentlichkeit gehen. *(ablegen oder hinstellen)*

3. M.: Diese **Schelle** *(M. klingelt einmal)* will hinweisen auf wichtige Augenblicke im Gottesdienst, die wir wachen Herzens verfolgen sollen. Herr, laß uns auch immer hellhörig bleiben, wenn die Glocken zur Kirche rufen. *(an die richtige Stelle bringen)*

4. M.: Ich bringe das **Brot** *(= Schale mit Hostien)*, die Frucht der Erde und der menschlichen Arbeit. Die Körner darin müssen sich immer wieder verwandeln – bis hin zum lebendigen Brot auf dem Altar. So laß auch uns immer wieder bereit sein, uns zu verwandeln. *(auf den Kredenztisch setzen)*

5. M.: Ich bringe den **Wein** *(= Kännchen mit Wein)*, die Frucht der Erde und der menschlichen Arbeit. So wie viele Trauben sich im Wein hingaben, so laßt uns, die wir hier so verschieden sind, zur Gemeinschaft untereinander finden. *(auf den Tisch setzen)*

6. M.: Das **Wasser** in diesem Kännchen gibt den Tropfen her, der zur Gabenbereitung in den Kelch mit Wein vermischt wird. Und das Wasser wischt in der Händewaschung symbolhaft die Schuld ab, damit am Altar ein Mahlopfer gefeiert wird, das Gott gefällt. *(auf den Tisch setzen)*

7. M.: Mit dem geweihten Wasser in diesem **Aspergill** (mit oder ohne Weihwasserkessel) werden Menschen und Gegenstände gesegnet. Das Wasser, das schon in der Taufe zum Quell neuen Lebens wurde, bringt uns so näher zu Gott. *(wieder zurückbringen)*

8. M.: Ich darf den kostbaren **Kelch** auf den Altar stellen. Der Fuß des Kelches steht fest auf dem Altartisch; nach oben ist er geöffnet für das, was Gott schenken will. So möchte ich auch werden: fest mit der Erde verbunden, aber offen für die Geschenke Gottes. *(stellt ihn auf den Altar)*

9. M.: Mit diesem **Weihrauchfaß** wird alles hervorgehoben, was uns an Gott erinnert. Auch unser Gebet möge wie Weihrauch emporsteigen; ja, mögen wir Christen für Gott ein Wohlgeruch sein! *(wieder am Ständer aufhängen)*

10. M.: Dieses **Schiffchen** ist voll mit zerstampften Körnern vom Harz besonderer Bäume. Wie dieses Schiffchen so viele verschiedene Körner zusammenhält, so mögen auf dem Schiff der Kirche die verschiedenen Nationen der Erde in den Hafen Gottes finden. *(wieder auf die Ablage am Ständer setzen)*

11. M.: Wenn wir Ministranten **Kerzen** auf dem Leuchter nach vorne tragen, dann möchten wir Wichtiges hervorheben: beim Evangelium das Wort Gottes als Licht auf unserem Weg und in der Wandlung das Himmelsbrot als Wegzehrung auf unserer Pilgerreise. *(Kerze zurückbringen)*

12. M.: Auch das **Kollektenkörbchen** darf nicht fehlen: Es geht in der Kirche nicht nur um Gottesdienst, sondern auch um den Dienst an Menschen. So werden oft Gelder für Menschen in Not eingesammelt, um das Leid in der Welt damit zu mildern.

(13. M.: Ich bringe zum Schluß noch das **Velum**, das dem Priester vor dem Segen mit der Monstranz über die Schultern gelegt wird. Es soll ihn verhüllen, damit unser Blick nicht vom Wichtigsten abgelenkt wird, vom Christusbrot in der Monstranz. Denn er ist der Herr der Welt! Ihm dienen wir alle.)

(Auf die Idee brachte mich eine Aufnahmefeier der Pfarrei Christkönig in D-90766 Fürth)

Predigt
(Gl. zeigt ein Ministrantengewand, bestehend aus dem roten Talar und dem weißen Rochett:) Die **rote** Farbe des Talars erinnert uns an das rote Königsgewand, das Jesus vor Pilatus trug. Rot ist auch die Farbe der Märtyrer, die für Jesus ihr Blut und Leben hingaben – wie Tarzisius, der Patron aller Ministranten. Sein Beispiel kann auch euch Bekennermut und Rückgrat geben, zu Christus zu stehen, wenn eine Mehrheit dafür nur Spott übrig hat oder uns mit Gleichgültigkeit begegnet. Vielleicht paßt hier auch noch ein Wort des hl. Paulus, der in einem Brief schreibt: „Ihr seid von Gott geliebt, seid seine

auserwählten Heiligen (= Christen). Darum bekleidet euch mit aufrichtigem Erbarmen, mit Güte, Demut, Milde, Geduld. Ertragt euch gegenseitig, und vergebt einander, wenn einer dem anderen etwas vorzuwerfen hat. Wie der Herr euch vergeben hat, so vergebt auch ihr! Vor allem aber liebt einander, denn die Liebe ist das Band, das alles zusammenhält und vollkommen macht" (Kol 3,12-14). Also, das rote Kleid als Gewand der Liebe.

Das *Weiß* im Rochett brauche ich wohl nicht näher zu erklären. Schon bei der Taufe wurde gesagt, als uns das weiße Kleid übergelegt bzw. angezogen wurde: „Du gehörst jetzt Christus an." Immer also, wenn wir das weiße Kleid sehen bei Kommunionkindern, einer Braut, beim Priester (die Albe), bei Ministranten, ja auch als Totenhemd eines Christen, dürfen wir uns daran erinnern: Wir gehören Christus an! – Es wäre schön, wenn uns das ein Leben lang gelingt.

(Nach Burkhard Rittershaus, D-42929 Wermelskirchen)

Glaubensbekenntnis
Siehe Anhang 2, Seite 117ff, oder ein Credolied.

Fürbitten

Pr - Gl.: Wir rufen zu Christus, dem Herrn und König der Welt:

1. M.: Für unsere neuen Ministranten: Schenke ihnen Freude am Dienst, und laß sie auch draußen frohe Christen sein. – *Liedruf*
2. M.: Für alle Ministrantengruppen: Laß sie in der gemeinsamen Aufgabe näher zu dir und zueinander kommen. – *Liedruf*
3. M.: Für viele Gemeinden, die zu verstepppen drohen: Sende Arbeiterinnen und Arbeiter in deinen Weinberg, und mache junge Menschen bereit, deinem Ruf zu folgen. – *Liedruf*
4. M.: Für alle, die deine Gute Nachricht in den Gemeinden verkünden: Schenke ihnen Mut und Ausdauer in dieser schwierigen Zeit. – *Liedruf*
5. M.: Für alle Christen: Laß sie in der Öffentlichkeit deinen Geist überzeugend weitertragen. – *Liedruf*

Pr. Gl.: Dann, Herr und Gott, gefallen wir dir in der Nachfolge. Das erbitten wir durch unseren Herrn Jesus Christus, der lebt und liebt bis in alle Ewigkeit.

Gabenlied

Gabengebet
Guter Gott, wie die Körner sich im Brot auf dem Altar hingegeben haben
und die Trauben im Wein, so schenke auch uns die Bereitschaft, einander
zu dienen, damit das Ganze gelingen kann. Darum bitten wir ...

Einleitung zum Vaterunser
Wir bilden mit den Händen eine Menschenkette: Jeder läßt dabei ein Stück
von sich los, damit das Ganze gelingen kann. Es fällt leichter, wenn wir
bedenken, daß wir alle Kinder des einen Vaters sind, und wir dürfen
sprechen: Vater unser ...

Einleitung zum Friedensgruß
Wir heben die Hände, damit jeder unsere Bereitschaft zum Frieden sehen
kann: Der Friede des Herrn sei allezeit mit euch!

Einladung zur Kommunion
Seht, das Lamm Gottes, das sich hingab, damit wir leben können.

Meditation nach der Kommunion
1. M.: Ich träume von einer Kirche,
    die offensteht für alle;
    die nicht gereizt reagiert,
    wenn Menschen uninteressiert weitergehen.
    Ich träume von einer Kirche,
    die sich nicht ängstlich verkriecht,
    sondern Wagnis zeigt und Mut,
    den Menschen unserer Zeit zu dienen.

2. M.: Ich träume von einer Kirche,
    die wie eine gute Mutter oder ein guter Vater warten kann
    oder bereit ist, ihren Kindern nachzugehen.
    Ich träume von einer Kirche,
    die den Dünkel der Rassen durchbricht,
    auch die Allmacht der Kassen und den Stumpfsinn der Massen.

1. M.: Ich träume von einer Gemeinde,
in der wir auch denen die Hände reichen,
die erfolglos, beladen und gescheitert sind.
Ein Ort hier - wie ein Stückchen Himmel,
an dem wir uns erinnern an den,
der kam: nicht zu richten, sondern aufzurichten.

2. M.: Ich träume von einer Gemeinde,
in der ein Gott spürbar wird, der rettet, befreit und tröstet.
Ein Ort hier - wie ein Stückchen Himmel,
an dem Hoffnung aufbricht,
Mut gemacht wird und Sonnenstrahlen die Seele erreichen.

Schlußgebet

Wir danken dir, Vater im Himmel, für diese Mädchen und Jungen hier, für die Eltern, die den Samen des Glaubens wachsen ließen; für alle, die das Pflänzchen der Kirchlichkeit begießen. Wir danken dir vor allem für den, den wir hier in Wort, in Brot und im Zusammensein erfahren durften: deinen Sohn Jesus Christus. Laß uns jetzt zu Boten seiner Liebe werden. Das erbitten wir durch Christus, unseren Herrn.

Segen - Schlußlied

5. Dienst - in der Freundschaft mit Jesus
(Symbol Schlüssel/Schatzkiste)

Vorbereitungen

Im Altarraum steht eine „Schatzkiste". Zwölf große Schlüssel wurden gebastelt, auf deren Rückseite jeweils der zu sprechende Text steht. Alle Schlüssel passen ins Schloß. Aber erst der letzte, der „Tabernakelschlüssel" vermag die Schatzkiste zu öffnen. In der Schatzkiste liegen ein Stück Seil (ein Ende davon aufgeflochten), ein Spiegel und eine Baumscheibe.

Hinweise
Siehe Seite 8.

Lied zu Beginn

Begrüßung - Hinführung
Heute dürfen wir ... *(Anzahl)* neue Ministrantinnen und Ministranten in den Dienst am Altar aufnehmen. Wir wünschen ihnen, daß es auch Schritte sind in eine noch engere Freundschaft mit Jesus.

Bußakt
Denn keine Straße ist zu lang mit einem guten Freund an der Seite. Dieses Angebot macht Jesus uns seit unserer Taufe. In den Sakramenten der Beichte und der Kommunion konnten wir uns noch enger mit ihm verbinden.
Weil heutzutage immer seltener wirkliche Freundschaften gelingen, rufen wir: Herr, erbarme dich! ... - *Lossprechungsbitte.*

Glorialied

Tagesgebet
Herr, unser Gott. Ein Sprichwort sagt: „Freunde in der Not gehen hundert auf ein Lot." Wir danken dir, daß du uns in deinem Sohn Jesus Christus einen echten Freund an die Seite gegeben hast, der zu uns hält, auch wenn irgendwo alle Stricke reißen. So laß uns seine Nähe spüren. Darum bitten wir durch Jesus Christus, der mit dir lebt und liebt in Ewigkeit.

Kurzgeschichte
Gl.:   *(Einleitung)* Wem das Geschenk einer Freundschaft zuteil werden soll, der muß Zeit und Geduld mitbringen. Wir hören eine Stelle aus dem Buch „Der Kleine Prinz":

1. M.: Der Fuchs sagte: „Bitte zähme mich!"

2. M.: Der kleine Prinz antwortete: „Ich möchte wohl, aber ich habe nicht viel Zeit. Ich muß Freunde finden und viele Dinge kennenlernen."

1. M.: Da sagte der Fuchs: „Man kennt nur die Dinge, die man zähmt. Die Menschen haben keine Zeit mehr, irgend etwas kennenzulernen. Sie kaufen sich alles fertig in den Geschäften. Aber da es keine Kaufläden für Freunde gibt, haben die Leute keine Freunde mehr. Wenn du einen Freund willst, so zähme mich!"

2. M.: Da sagte der kleine Prinz: „Was muß ich da tun?"

1. M.: Der Fuchs antwortete: „Du mußt sehr geduldig sein. Du setzt dich zuerst ein wenig abseits von mir ins Gras. Ich werde dich so verstohlen, so aus den Augenwinkeln anschauen, und du wirst nichts sagen. Die Sprache ist die Quelle der Mißverständnisse. Aber jeden Tag wirst du dich ein bißchen näher setzen können."

(Antoine de Saint-Exupéry)

Gl.: Was wir gehört haben, gilt auch für die Freundschaft mit Jesus Christus: Wir müssen Zeit und Geduld mitbringen.

Oder

aus „Kurzg. 1", Nr. 124: Freundschaft der selbstlosen Liebe;
aus „Kurzg. 4", Nr. 119: Freundschaft mit einem geistig behinderten Kind;
Nr. 124: Freundschaft mit einem ausländischen Jungen; Nr. 137: Freundschaft in der Bewährung;
oder auf der religiösen Ebene:
„Kurzg. 1", Nr. 81: Wo ich dich getragen habe.

Oder

Lesungen
Sir 6,7-17: Von der Freundschaft;
1 Sam 19,1-7: Jonatans Freundschaft mit David;
Koh 4,8-10.12: Zwei sind besser als einer allein.

Zwischengesang

Evangelium
Joh 15,12-17: „Ich nenne euch meine Freunde", sagt Jesus. Siehe Lektionar Lesejahr B: Sechster Sonntag der Osterzeit.

Sprechspiel

Gl.: Die Freundschaft mit Jesus ist mit einem Schatz zu vergleichen. Dieser kostbare Schatz, den es zu finden gilt, ist vorne durch die schöne Schatzkiste dargestellt. Unsere neuen Ministrantinnen und Ministranten, die ja durch ihren Dienst in eine engere Freundschaft mit Jesus eintreten möchten, kommen jetzt mit großen Schlüsseln, um die Schatzkiste aufzuschließen.

1. M.: Mein Schlüssel heißt: *Suchen.* Ich muß mich zuerst auf die Suche nach Jesus Christus machen. Wir sind zwar alle auf seinen Namen getauft, aber wir brauchen Menschen, die uns auf dieser Suche begleiten. So danken wir allen, die uns den Blick für Jesus überhaupt geschenkt haben, besonders unseren Eltern, unseren Tischmüttern, Gruppenbegleiterinnen und -begleitern. *(geht zur Schatzkiste, steckt den Schlüssel ein, vermag sie aber nicht zu öffnen; stellt sich kopfschüttelnd mit seinem Schlüssel zu einem Halbkreis auf - das gilt auch für alle folgenden Kinder mit Schlüsseln, außer für das letzte.)*

2. M.: Mein Schlüssel heißt: *Aufbrechen.* Ich mache mich auf den Weg zu Jesus Christus - wie der heilige Christophorus in der Legende: Er wollte dem stärksten König dienen. Über viele Um- und Irrwege fand er erst im Dienst an den Menschen den König der Welt. Diesem König möchten wir auch dienen. *(geht zur Schatzkiste ...)*

3. M.: Mein Schlüssel heißt: *Teilen.* So wie Jesus sein Leben mit uns teilte bis in den Tod, so stehen wir in seiner Nachfolge, wenn wir bereit sind zum Teilen. Deshalb kennen wir bis heute einen heiligen Martin und Nikolaus, eine heilige Elisabeth und Hedwig. Wenn wir als Sternsinger von Tür zu Tür gehen, um für hungrige oder behinderte Kinder Geld zu sammeln, sind wir auf dem richtigen Weg. *(geht zur Schatzkiste ...)*

4. M.: Vielleicht kann mein Schlüssel die Schatzkiste aufschließen. Er heißt: *Das Unscheinbare ernst nehmen.* Es ist doch wie oft im Märchen: Wer den Rat des Zwerges in den Wind schlägt, wer die Tiere nicht achtet, wer die Stille nicht ab und zu sucht, der kommt nicht zum Ziel. *(geht zur Schatzkiste ...)*

5. M.: Mein Schlüssel heißt: *Die Wunder am Wege sehen.* Der Blick für das klare Wasser, die saubere Luft, die herrlichen Blumen ist vielen verlorengegangen. Nur wer die Freundschaft mit allem sucht, was lebt, kann auch die Freundschaft mit Jesus finden. *(geht zur Schatzkiste ...)*

6. M.: Mein Schlüssel heißt: *Hören können,* zum Beispiel hören auf Gottes Wort und ihm auch antworten. Wenn das Gebet das „Atmen der Seele" ist, dann könnte es doch der geheime Schlüssel zur Freundschaft mit Jesus sein! *(geht zur Schatzkiste ...)*

7. M.: Mein Schlüssel heißt: *Demut.* In dem schwierigen Wort steckt: „Mut zum Dienen" haben. So wie Jesus einen Sklavendienst verrichtete, als er den Jüngern die Füße wusch, so möchten wir als neue Ministranten auch in den Dienst Jesu treten. Und so in eine engere Freundschaft mit ihm. *(geht zur Schatzkiste ...)*

8. M.: Vielleicht ist mein Schlüssel der richtige. Er heißt: *Begeisterung.* Begeistert von Jesus sein – wie damals am Pfingstfest der Heilige Geist die Jünger aus ihrem Versteck trieb. Sie verloren alle Angst und bezeugten aller Welt ihren Glauben an den auferstandenen Jesus Christus. *(geht zur Schatzkiste ...)*

9. M.: Mein Schlüssel heißt: *Unerschütterlich hoffen.* Wer sich von uns einmal verloren fühlte, darf an den Guten Hirten in Jesus Christus glauben. Ich weiß um die ausgebreiteten Arme des barmherzigen Vaters. Auf diese Haltung ließ Jesus sich am Kreuz festnageln. Deshalb brauche ich nie aufzugeben. *(geht zur Schatzkiste ...)*

10. M.: Mein Schlüssel heißt: *Bereit zu verzeihen.* Wer weiß, daß Gott so barmherzig ist, wie wir eben gehört haben, der kann das Verzeihen auch weiterschenken. Wie wir im Vaterunser immer beten: Wir verzeihen unseren Schuldnern, weil Gott uns vergeben hat. *(geht zur Schatzkiste ...)*

Gl.: Bevor ihr verzweifelt, darf ich euch mit zwei besonderen Schlüsseln helfen. Einer davon müßte doch die Schatzkiste aufschließen können!

11. M.: *(geht zu Gl. und holt sich einen Schlüssel)* Auf diesem steht: Dieser Schlüssel ist der Universalschlüssel, der in der Regel alle Türen aufschließen kann. Dieser Schlüssel heißt: **Liebe.** Wie es im Hauptgebot heißt: Liebe Gott und die Menschen, und du erfüllst das ganze Gesetz Gottes. *(geht zur Schatzkiste ...)*

Gl.: Ich meine, das Schloß hätte sich schon bewegt!? Aber es bleibt noch dieser letzte Schlüssel. Er erinnert mich in seinem Aussehen an unseren Tabernakelschlüssel. Ob er die Schatzkiste ganz öffnet?

12. M.: *(geht zu Gl. und holt den letzten Schlüssel)* Auf dem steht: Dieser Schlüssel heißt: ***Ich glaube an Jesus Christus.*** Ihm will ich ein Leben lang vertrauen. Er bietet sich uns an im Wort und im Brot: Sie können auf der langen Lebensreise unseren inneren Hunger stillen; sie sind das Freundschaftsgeschenk, das uns immer inniger mit Jesus verbindet. *(geht zur Schatzkiste, steckt den Schlüssel ein, schließt auf und klappt den Deckel hoch. Dann bringt er die Schatzkiste zu Gl. und läßt ihn/sie hineinschauen.)*

Kurzpredigt

Da liegt ja etwas drin – in dieser Schatzkiste, die unsere Freundschaft mit Jesus darstellen soll: Hier ein Seilchen *(Gl. zeigt es)*, ein Spiegel *(zeigen)* und eine kleine Baumscheibe *(zeigen)*!
(Gl. nimmt das Seilchen:) Was könnte dieses Seilchen bedeuten? ... Jesus, unser Freund, will uns Halt sein, wenn alle Stricke reißen. Im Evangelium wird ja oft erzählt, wie Jesus Menschen aufgefangen und gehalten hat, die im Leben in irgendeiner Form „ausgerutscht" waren (Sünder, Kranke, Außenseiter ...). Seht, das eine Ende des Seilchens ist aufgeflochten, und ihr könnt erkennen, daß es aus mehreren dünneren Kordeln besteht. Das Freundschaftsseil ist geflochten aus Vertrauen und Liebe, aus Sympathie und Verständnis. Ob wir das in unsere Freundschaft mit Jesus einbringen können, steht dahin; aber Jesus bietet uns diese Freundschaft an! *(Gl. legt das Seilchen gut sichtbar hin und nimmt den Spiegel:)*
Was könnte ein Spiegel in so einer Freundschaft bedeuten? ... Vor Jesus kann ich all meine Masken ablegen. Er nimmt mich so, wie ich bin. Mit ihm kann ich ganz offen und ehrlich sprechen. Sprechen wie mit einem guten Freund, der mir auch umgekehrt unverblümt und offen, wenn auch

hilfreich, sagen darf, was er von mir hält. (Hierzu siehe „Kurzg. 4", Nr. 12: Zwiegespräch an der Krippe.)

(Gl. legt den Spiegel gut sichtbar hin und nimmt die Baumscheibe:)
Und das Symbol der Baumscheibe mit den vielen Jahresringen? ... Ja, das Suchen und Ringen um diese „Mitte" *(Gl. zeigt die Ringe um die Mitte)* dauert ein Leben lang. Manchmal helfen sogar Zweifel und Rückschläge, schneller in die engere Freundschaft mit Jesus Christus – und damit auch mit Gott – hineinzuwachsen. Vor allem aber muß ich mir Zeit dafür nehmen und mich immer wieder „ein bißchen näher setzen" – wie es im „Kleinen Prinzen" hieß. *(Gl. legt die Baumscheibe gut sichtbar hin)*
Diese Schatzsuche nach der Freundschaft mit Jesus ist anstrengend und mit Mühe verbunden. Aber für etwas Kostbares gebe ich doch alles! Und dann, wenn sich uns der Schatz dieser Freundschaft eröffnet, spüre ich eine große Freude, die anhalten kann bis in die ewige Freude!

Glaubensbekenntnis
Siehe Anhang 2, Seite 117ff, oder ein Credolied.

Fürbitten
Gl.: Guter Gott! In unserem Ringen um Halt und Hilfe bitten wir dich:

1. M.: Manche Freundschaften zwischen Völkern und Gemeinschaften zerbrechen in schwierigen Zeiten. Hilf dabei, Freundschaften im Geben und Nehmen zu vertiefen. – *Liedruf*

2. M.: Viele Ministrantinnen und Ministranten haben sich in deinen Dienst gestellt. Begleite besonders die neuen Mädchen und Jungen, damit sie deine Hand niemals loslassen. – *Liedruf*

1. M.: So viele Menschen fühlen sich allein gelassen. Wecke in der Jugend neue Berufungen, sich in einem kirchlichen oder gesellschaftlichen Dienst an ihre Seite zu stellen. – *Liedruf*

2. M.: Die meisten Menschen leben in Not und Ungerechtigkeit. Bewege besonders die Christen, an einem Gottesreich des Friedens und der Güte zu bauen. – *Liedruf*

1. M.: Kranke Menschen erfahren, wie schnell alle Stricke reißen können. Halte du ihre Hand, wenn ihnen kein Mensch mehr helfen kann. – *Liedruf*

44

Gl.: Ja, Herr, oft wissen wir nicht, was wir tun können. Aber unsere Augen richten wir auf dich. So geh mit uns heute und alle Tage – bis ans Ende der Zeit.

Gabenlied

Gabengebet
Mächtiger Gott. Wie bei einer Mahlzeit Brot und Wein uns auch untereinander näherbringen können, so möge der Empfang des Brotes und Weines auf dem Altar uns immer enger mit Jesus verbinden, unserem Freund und Bruder. Darum bitten wir durch Christus, unseren Herrn.

Einleitung zum Vaterunser
Wir sind geschwisterlich und freundschaftlich untereinander verbunden, wenn wir jetzt zu Gott beten, unserem Urquell, uns zugetan wie ein guter Vater und wie eine gute Mutter: Vater unser ...

Einleitung zum Friedensgruß
Echte Freunde stehen zusammen, werden „ein Herz und eine Seele". Nicht, als ob wir keine Fehler hätten, aber wir schauen dabei auf Jesus, unsere Mitte. So gebt einander ein Zeichen, das etwas davon andeutet.

Meditation nach der Kommunion
1. M.: Ich möchte einen Freund finden,
    der zu mir hält, auch wenn ich Fehler mache;
    der mir vertraut und mich zum Guten ermuntert.

2. M.: Ich möchte einen Freund finden,
    der mich nimmt, wie ich bin;
    der keine Bedingungen für eine Freundschaft aufstellt;
    ein Freund, der mir auch meine Fehler
    behutsam und hilfreich zur richtigen Zeit nennt.

1. M.: Jesus Christus! Du könntest so ein Freund sein,
    der mir Spielraum und Freiheit schenkt,
    und mir verzeiht, wenn ich falsche Wege gegangen bin.

2. M.: Halte mich ab von dem, was mich kaputtmacht und verdirbt;
treibe mich zum Rechten, das öffnet und weiterhilft.
Laß mich an deiner Seite die Verwundungen tragen,
damit mein Leben gelingt
und ich zum Gelingen anderer beitragen kann.

Oder: Ich möcht', daß einer mit mir geht (z.B. in Tr 292)

Schlußgebet
Herr, unser Gott. Wir danken dir für diese Feier. Laß uns spüren, daß Jesus
unser Freund und Weggefährte ist, bis wir bei dir angekommen sind. Darum bitten wir ...

Segen – Schlußlied

6. Im Dienst einer kostbaren Gemeinschaft
(Symbol Perlenkette)

Vorbereitung
Wir ließen zehn große Holzperlen von ca. 10 cm Durchmesser anfertigen, die weiß
gestrichen wurden. Im Sprechspiel reihten wir sie auf ein Seil zur Perlenkette. Wenn
Ihnen Bergheim im Großraum Köln nicht zu weit ist, können Sie sie gerne ausleihen:
Meine Anschrift: siehe Seite 8.

Hinweise
Siehe Seite 8.

Lied zu Beginn

Begrüßung – Hinführung
Jeder Mensch ist kostbar wie eine Perle.
Heute möchten wir ... *(Anzahl)* Perlen besonders hervorheben, die wir in die
große Ministrantenschar aufnehmen. Was uns kostbare Perlen hier zu einer
Kette zusammenfügt, ist unser gemeinsamer Glaube an Gott und an Jesus
Christus. Ihnen gehören wir, ihnen bringen wir hier Lob und Dank dar.

Bußakt

Zuerst aber möchten wir bekennen, daß wir uns oft zu wenig Zeit nehmen, Gott und die Menschen zu loben, Gott und den Menschen zu danken, Gott und den Menschen zu vertrauen. Darum sprechen wir:

Ich bekenne ...

Lossprechungsbitte: Der barmherzige Gott erbarme sich unser und verhelfe uns zu einem erfüllteren Leben.

Glorialied

Tagesgebet

Herr, unser Gott. Wir wissen uns von dir geliebt und als unendlich kostbar erachtet. Wir danken dir dafür und bitten dich: Bleibe bei uns, damit wir dich auf unserer Suche und in allen Zweifeln ab und zu ganz nahe spüren. Darum bitten wir durch Christus, unseren Herrn.

Kurzgeschichte

Gl.: *(Einleitung:)* Auf der Suche nach dem Schatz im Acker, nach Gott oder dem Reich Gottes, muß ich manchmal in die Fremde gehen, um dann in meinem Leben zu Hause auszugraben, was mir immer schon gehört.

1. M.: Einem Rabbi mit Namen Eisik war das Vertrauen auf Gott auch in Jahren schwerer Not nicht genommen worden. Und dennoch wurde ihm im Traum befohlen, sich aus Krakau zur Stadt Prag aufzumachen. Dort solle er an der Brücke, die zum Königsschloß führt, nach einem Schatz suchen.

2. M.: Als der Traum sich zum drittenmal wiederholte, machte sich Rabbi Eisik auf und wanderte nach Prag. Aber an der Brücke standen Tag und Nacht Wachtposten. Er getraute sich nicht, dort zu graben. Doch kam er jeden Morgen zur Brücke und umkreiste sie bis zum Abend.

1. M.: Endlich sprach ihn der Hauptmann der Wache an, der auf ihn aufmerksam geworden war. Da erzählte ihm der Rabbi seinen Traum, der ihn aus fernem Land hergeführt hatte.

2. M.: Da lachte der Hauptmann und sagte: „Wie kannst du Träumen trauen, du Narr? Da hätte ich mich ja auch auf die Reise machen müssen, als mir einmal ein Traum befahl, nach Krakau zu wandern und in der Stube eines Juden Eisik unterm Ofen nach einem Schatz zu graben! Hunderte von Juden heißen dort Eisik!" Und er lachte wieder.

1. M.: Rabbi Eisik verneigte sich, wanderte heim und grub tatsächlich unter dem Ofen einen kostbaren Schatz aus. Davon ließ er ein Bethaus bauen.

(Chassidische Tradition)

Gl.: Auf der Suche nach dem Schatz im Acker, der immer mehr schenkt als alles, was ich kaufen kann, muß ich bereit sein, auch in die Fremde zu gehen, was immer das auch heißen mag.

Zwischengesang

Evangelium nach Matthäus
Einleitung: Auf der Suche bleiben nach dem Schatz im Acker des Lebens. –
In jener Zeit sagte Jesus: Mit dem Himmelreich ist es wie mit einem Schatz, der in einem Acker vergraben war. Ein Mann entdeckte ihn, grub ihn aber wieder ein. Und in seiner Freude verkaufte er alles, was er besaß, und kaufte den Acker. Auch ist es mit dem Himmelreich wie mit einem Kaufmann, der schöne Perlen suchte. Als er eine besonders wertvolle Perle fand, verkaufte er alles, was er besaß, und kaufte sie (Mt 13,44-46).

Sprechspiel
(Auf zehn große, weißgestrichene Holzperlen ist der Text eines jeden Ministranten geklebt. Nach dem Verlesen des Textes wird die Holzperle auf ein Seil (Bergsteigerseil?) gereiht, das zwei Ministranten oder die LeiterInnen der Gruppe halten. Zum Schluß ist eine Perlenkette mit zehn Perlen zu sehen, die gut sichtbar hingelegt oder hingehängt wird. Vor jedem Ministranten kann Gl. Name und Straße der/des Aufzunehmenden nennen.)

Gl.: Unsere neuen Ministrantinnen und Ministranten bringen uns jetzt den Gedanken der Perlenkette näher:

1. M.: *(bringt eine Perle)* Ich bringe die erste der Perlen, die zu einer Kette aufgereiht werden. Jeder Mensch, auch jede Ministrantin und jeder Ministrant, ist wie eine kostbare Perle. Eine echte Perle hat aber nie eine ganz glatte Oberfläche. Jede hat auch einen anderen Glanz. Jede ist unverwechselbar einmalig - wie wir. *(zum Aufreihen weiterreichen)*

2. M.: *(bringt eine Perle)* Eine Perle entsteht so: Ein spitzes Etwas, zum Beispiel ein Sandkorn, dringt durch die Lippen einer Muschel in ihr Inneres. Das kann tödlich für sie sein! Um sich gegen die schmerzende Gefahr zu schützen, bildet die Muschel eine Perlmutterschicht um den Eindringling. *(zum Aufreihen weiterreichen)*

3. M.: *(bringt eine Perle)* So entwickelt sich im Verlauf von vielen Jahren eine kostbare Perle, weil die Muschel es schaffte, den Schmerz in etwas Positives zu verwandeln. - Auch die Ministrantengruppe kann uns herausfordern: Pünktlich zur Gruppe zu kommen, auch wenn die Sonne vom Himmel lacht oder ein Fernsehfilm reizt. Sich auf Jungen und Mädchen einlassen, die einem sonst fremd bleiben oder vielleicht unsympathisch sind. *(zum Aufreihen weiterreichen)*

4. M.: *(bringt eine Perle)* Jede echte Perle hat einen anderen Glanz. Wir Ministranten können unseren Glanz entfalten, wenn wir bereit sind, zu dienen und dabei zuverlässig und pünktlich zu sein. Wer dem Heiligen am Altar und im Gottesdienst mit offenen Augen näherkommt, kann auch im Leben leichter das Heilige neben und in sich entdecken. *(zum Aufreihen weiterreichen)*

5. M.: *(bringt eine Perle)* Die einzelnen Perlen werden vor dem Altar zur Kette auf ein Seil gereiht: Die Gemeinschaft und die Wirkung der vielen Perlen werden nur möglich, wenn der einzelne bereit ist, sein manchmal breites Ich ein Stück zurückzunehmen. *(zum Aufreihen weiterreichen)*

6. M.: *(bringt eine Perle)* Das Seil, das uns zusammenhält, ist der Glaube an Jesus Christus. Ihm dienen wir. Sein Wort richtet uns aus. Sein heiliges Brot verbindet uns mit ihm und untereinander. Auch das gemeinsame Beten und der Gottesdienst halten unser Miteinander. *(zum Aufreihen weiterreichen)*

7. M.: *(bringt eine Perle)* Diese Gemeinschaft gelingt nur, wenn wir bereit sind, zu geben und zu nehmen, zu nehmen und zu geben. Und das in Liebe und Treue. Viele Jahre. *(zum Aufreihen weiterreichen)*

8. M.: *(bringt eine Perle)* Die Perlenkette der Ministrantenschar unserer Pfarrei ist groß. Unsere Gruppe zählt ... *(Anzahl)* Mädchen und Jungen; in unserer Pfarrei gibt es insgesamt ... *(Anzahl)* Meßdienerinnen und Meßdiener. *(zum Aufreihen weiterreichen)*

9. M.: *(bringt eine Perle)* Wenn auch jeder von uns kostbar ist wie eine Perle, halten wir doch Ausschau nach dem Schatz im Acker unseres Lebens: Mit diesem Schatz ist das Reich Gottes gemeint – ein Reich des Friedens und der Freude, der Gerechtigkeit und der Liebe. In Jesus ist uns aufgeleuchtet, wie dieses Reich aussehen kann. Ihm möchten wir folgen. *(zum Aufreihen weiterreichen)*

10. M.: *(bringt eine Perle)* Viele Menschen haben uns schon vorgelebt, wie sie all ihre persönlichen Schätze für diesen Schatz hingegeben haben. So schlug zum Beispiel Franziskus die reiche Erbschaft seines Vaters aus, um ganz frei zu werden für diese Suche. Wir Jungen und Mädchen freuen uns, wenn wir auch heutzutage Christen begegnen, die uns vorleben: Sooo wichtig ist uns dieser Schatz! *(Perle zum Aufreihen weiterreichen. Die Kette auf den Altar legen)*

Gl.: Jetzt wird die Perlenkette auf den Altar gelegt, d.h. die Perlen verbinden sich mit *dem*, der sie zusammenhält und dem sie dienen möchten.

Predigt

Liebe Christen, jung und alt! Die Gedanken, die wir bisher in Texten und Lesungen gehört haben, darf ich jetzt wie im Brennglas zusammenführen: Wir hörten von der Perle. Sie braucht rund zehn Jahre, um von einem scharfen Sandkorn zu einer wirklichen Perle heranzureifen. Wir brauchen also Geduld für den Schatz im Acker unseres Lebens. Um ihn zu heben, muß ich auch Umwege in Kauf nehmen. Das verriet uns die Kurzgeschichte: Unter dem *eigenen* Ofen lag der Schatz verborgen! Oft sagen mir Mitarbeiterinnen und Mitarbeiter in einer ehrlichen Stunde, daß sie als Jugendliche oder junge Erwachsene auch jahrelang an der Kirche vorbeigelaufen sind, bis sie merkten, daß etwas fehlte: Es muß mehr geben als alles, was ich kaufen kann!

So kann auch eine Ministrantengruppe bei dieser lebenslangen Suche helfen. Offensichtlich ist kaum ein Kraut gegen die sogenannte „religiöse Schonzeit" Jugendlicher gewachsen. Seit Jahren gehen auch in unseren Ministrantengruppen „oben" so viele fort wie „unten" dazukommen. Aber solche Gruppen halten jahrelang, und das ist ein Kraut gegen das U-Boot-Verhalten so vieler. Mit U-Boot-Verhalten meine ich: Sie tauchen auf zur Erstkommunion und sind wieder verschwunden; sie tauchen eventuell wieder auf zur Firmung, und anschließend sind sie weg; eventuell noch Trauung und wieder weg. Ja, sogar Taufe des Kindes und – weg. Aber wenn das dreijährige Kind dann Fragen stellt, unangenehme Fragen, und die Eltern wissen, ich muß ihm mehr geben als Schutz und Bildung, wenn es nicht später abdriften soll in Süchte und Sekten, dann besinnen sich viele Eltern. Gibt es denn eine wirkliche Alternative zum Christentum? Und dann suchen sie. Und Glückwunsch an die Pfarrei, die Kleinkindergottesdienste anbietet. Da schleichen sich hinter ihren Kindern auch die Eltern wieder in die Kirche – aber nur die Eltern, die sich erinnern; die also in einer Gruppe oder zu Hause mehr mitbekommen haben als eine U-Boot-Phase. Der Same von damals beginnt jetzt aufzugehen.

Die Chance einer Ministrantengruppe ist also: Es wird noch jahrelang gesät. Ich möchte aber auch den Druck von diesen Ministrantengruppen nehmen, weil sie ab und zu Mitglieder verlieren.

Liebe Eltern! Wir können nur das, was Sie säen und begleiten, begießen und entfalten helfen. Danke an all die Jugendlichen und Erwachsenen, die diese Gruppen begleiten und uns helfen, den Blick für den Schatz im Acker nicht zu verlieren.

Glaubensbekenntnis
Siehe Anhang 2, Seite 117ff, oder ein Credolied

Fürbitten
Gl.: Wir rufen zu unserem Herrn Jesus Christus, der beim Vater für uns bittet:

1. M.: Laßt uns beten für all die großen Gemeinschaften der Staaten, der Kirchen und Religionen: Hilf den Mächtigen, den guten Boden für diese Gemeinschaften zu bereiten, damit ein heilvolles Miteinander möglich ist. – *Liedruf*

2. M.: Laßt uns beten für alle Menschen, die nach dem Glück im Acker des Lebens suchen: Schenke ihnen den Blick für die unsichtbaren Schätze, die nur mit den Augen des Herzens und des Glaubens zu erkennen sind. - *Liedruf*

3. M.: Laßt uns beten für alle, die diese Mädchen und Jungen begleiten: Hilf ihnen, das „richtige Händchen" dafür zu entwickeln und selbst nicht aufzuhören in der Suche nach dem, was Leib und Seele stärken kann. - *Liedruf*

4. M.: Laßt uns beten für alle, die aus der Perlenkette herausgefallen sind, auch weil sie bequem und unzuverlässig wurden und auf der Jagd nach vergänglichen Schätzen sind: Daß sie zurückfinden zum Miteinander in der Kirche, auch wenn hier die Gemeinschaft nicht immer gelingt. - *Liedruf*

5. M.: Laßt uns beten für uns selbst, die wir manchmal Umwege machen oder in Engpässen und Sackgassen stehen: Stärke uns hier immer wieder neu mit deinem Wort, deinem Brot und der Erfahrung von Gemeinschaft. - *Liedruf*

Gl.: So loben und ehren wir dich, unseren Herrn und Schöpfer durch unseren Erlöser, unseren Herrn Jesus Christus, der mit dir lebt und liebt in Ewigkeit.

Gabenlied

Gabengebet

Herr und Gott, diese kostbaren Gaben der Erde, dieses Brot und dieser Wein, mögen uns Anteil geben an deinem göttlichen Leben, am Schatz im Acker, damit dein Reich auch zu uns und durch uns komme. Darum bitten wir durch Christus, unseren Herrn.

Einleitung zum Friedensgruß

Wir bilden eine Kette mit unseren Händen: eine kostbare Perlenkette, wenn keiner durch Unversöhnlichkeit das Band zerreißt! Der Friede des Herrn sei allezeit mit euch!

Einladung zur Kommunion

Seht, der kostbarste Schatz in dieser Welt, ein Stück Himmel!

Meditation nach der Kommunion

1. M.: Du mußt graben, tief graben.
Der Schatz liegt *im* Acker deines Lebens –
nicht oben drauf und für jeden sichtbar.

2. M.: Du mußt tief graben, denn der Schatz liegt im Acker verborgen:
im Acker deiner Hoffnungen und Enttäuschungen –
im Acker deiner Ängste und Freuden –
in deinem Leben. In dir.

1. M.: Darum mußt du graben. Immer tiefer.
Die äußeren Dinge verstellen dir den Blick.
Es muß mehr geben als das alles,
was die Welt als ein „glückliches Leben" anpreist.
Du mußt deine Erfahrungen befragen.
Es auch an anderen Stellen versuchen.
In der Fremde auf Suche gehen.
Die Höhen und Tiefen des Lebens durchleuchten.
Vielleicht sogar das ganze Leben umkrempeln.

2. M.: Aber dann – eines Tages – entdeckst du staunend den Schatz!
Du wirst spüren: Ich habe es gefunden, das Kostbarste!
Ich habe dich gefunden, Gott! Mein Schatz!

(Nach Gerd Blick)

Schlußgebet

Guter Gott, danke für diese Feier. Danke für das Geschenk dieser Jungen und Mädchen, die als Ministranten bei uns mitmachen möchten. Laß uns jetzt mit neuer Zuversicht hinaustragen, was du uns hier geschenkt hast und was unsere Gemeinschaft festigen kann. Und laß uns dich finden, den kostbarsten Schatz. Darum bitten wir durch Christus, unseren Herrn.

Segen – Schlußlied

7. Jesus ins Netz gegangen
(Symbol Fisch/Fischernetz)

Vorbereitungen
1. Jede/r aufzunehmende MinistrantIn malt einen Fisch in einer dem Kirchenraum entsprechenden Größe aus. Auf dem Fisch kann auch sein/ihr Name stehen. Auf die Rückseite kann der jeweils zu sprechende Text geklebt werden.
2. Ein Fischernetz ist so über einer großen Tafel befestigt, daß es mit einem Handgriff nach dem Sprechspiel herabgelassen werden kann: Die auf die Tafel gehefteten Fische sind dann „im Netz".

Hinweise
1. Siehe Seite 8.
2. Auf die Idee zu diesem Gottesdienst brachte mich der Entwurf von Herbert Klühspies, „Jesus, der Menschenfischer" aus der Pfarrei St. Johannes d.T., D-97288 Theilheim.

Lied zu Beginn

Begrüßung – Hinführung
Heute dürfen wir als Gemeinde ein kleines Fest feiern: Denn ... *(Anzahl)* Mädchen und ... *(Anzahl)* Jungen lassen sich vom großen Menschenfischer Jesus einfangen und werden Ministrantinnen und Ministranten.

Bußakt
1. M.: *(mit seinem/ihrem Fisch)* Immer mehr Jungen und Mädchen betonen ihre „Freiheit" und wollen sich nicht in eine Aufgabe binden lassen. Wir haben uns aber für den Dienst am Altar entschieden und möchten an einer kleinen Stelle Zuverlässigkeit, Pünktlichkeit und Treue üben. – Damit unser Vorhaben gelingt:
Gl.: Herr, erbarme dich!
Alle: Herr, erbarme dich!
(Jetzt geht der/die MinistrantIn zur Tafel und heftet den Fisch auf)

2. M.: *(mit seinem/ihrem Fisch)* Netze können auch wie Stricke und Fallen gespannt sein. Da möchte jeder den eigenen Vorteil einfangen. Wir aber vertrauen auf ein Netz, in dem wir geborgen sind. – Damit wir nicht enttäuscht werden:

Gl.: Christus, erbarme dich!
Alle: Christus, erbarme dich!
(Fisch aufheften!)

3. M.: *(mit seinem/ihrem Fisch)* Der Glauben unserer Eltern, Geschwister und
Paten, aber mehr noch der ganzen Gemeinde hier, ist wie ein Netz,
das unter unsere Füße gespannt ist. Daher können wir nicht so leicht
abstürzen. – Damit keiner von uns so leicht durch die Maschen
fällt:
Gl.: Herr, erbarme dich!
Alle: Herr, erbarme dich!

Gl.: Der allmächtige Gott erbarme sich unser. Er lasse uns eine gute
Gemeinschaft werden auf dem Weg zum Vater.
(Fisch aufheften!)

Lied zum Gloria

Tagesgebet
Vater im Himmel. Dein Sohn kennt den Weg zu dir. Seit der Taufe haben
wir uns ihm anvertraut. So hilf, gemeinsam durch den Ozean dieser Welt in
deinen Hafen zu finden. Darum bitten wir ...

„Lesung"
Gl.: *(Einleitung)* Diese Kommunionkinder lassen sich vom großen Menschenfischer Jesus einfangen – so habe ich am Anfang gesagt. Zwei
neue Ministranten (Ministrantinnen) erzählen uns jetzt genauer, was
damit gemeint ist.
1. M.: *(mit Fisch)* Einmal hatte Jesus vom Boot des Fischers Simon Petrus
aus zu vielen Menschen gesprochen, die ihn umdrängten.
2. M.: *(mit Fisch)* Nach der Rede sagte er als kleines Dankeschön an Petrus:
„Fahr hinaus auf den See! Dort werft eure Netze zum Fang aus!"
1. M.: Aber Simon Petrus, ein erfahrener Fischer, antwortete ihm: „Meister,
wir haben die ganze Nacht gearbeitet und nichts gefangen!"
2. M.: Dann überlegte er es sich aber doch noch und sagte: „Gut! Weil *du* es
sagst, werde ich die Netze auswerfen!"
1. M.: Das taten sie. Und sie fingen eine so große Menge Fische, daß ihre
Netze zu reißen drohten. Deshalb winkten sie ihren Gefährten im

anderen Boot, sie sollten kommen und ihnen helfen. Sie kamen, und gemeinsam füllten sie beide Boote bis zum Rand, so daß sie fast untergingen.

2. M.: Als Simon Petrus das sah, mußte er wieder daran denken, daß er beinahe „nein" gesagt hätte. Er fiel Jesus zu Füßen und sagte: „Herr, geh weg von mir; ich bin ein Sünder. Ich habe dir zu wenig vertraut!"

1. M.: Da sagte Jesus zu Simon: „Fürchte dich nicht! Von jetzt an wirst du Menschen fangen."

2. M.: Und sie zogen die Boote ans Land, ließen alles zurück und folgten Jesus nach (nach Lk 5,3-11).

Gl.: Diesem Menschenfischer also wollt auch ihr euch anvertrauen.

Zwischengesang

Evangelium nach Johannes

Einleitung: Wir hören wieder von einem Fischernetz, in dem sehr viele Fische Platz fanden. -

Nach der Auferstehung Jesu waren Petrus und einige Jünger wieder nach Hause zurückgekehrt und gingen ihrem Beruf als Fischer nach. Einmal fischten sie die ganze Nacht. Aber sie fingen nichts. Als es schon Morgen wurde, stand Jesus am Ufer. Doch die Jünger wußten nicht, daß er es war. Jesus sagte zu ihnen: „Habt ihr nicht etwas zu essen?" Sie antworteten ihm: „Nein." Da sagte er zu ihnen: „Werft das Netz auf der rechten Seite des Bootes aus, und ihr werdet etwas fangen." Sie warfen das Netz aus und - konnten es nicht wieder einholen, so voller Fische war es.

Da erinnerte sich der Jünger, den Jesus liebte, und sagte zu Petrus: „Es ist der Herr!" - Als Simon Petrus das hörte, sprang er in den See, um schnell zu Jesus zu kommen. Die anderen Jünger kamen mit dem Boot nach und zogen das Netz mit den Fischen hinter sich her.

Als sie an Land gingen, sahen sie am Boden ein Kohlenfeuer und darauf Fisch und Brot. Jesus sagte zu ihnen: „Bringt von den Fischen, die ihr gerade gefangen habt." Da ging Simon Petrus und zog das Netz an Land. Sie zählten die Fische: Das Netz war mit 153 großen Fischen gefüllt! Obwohl es so viele waren, zerriß das Netz nicht.

Jesus sagte zu ihnen: „Kommt her und eßt!" Keiner von den Jüngern wagte ihn zu fragen: „Wer bist du?" Denn sie wußten, daß es der Herr war. Jesus trat heran, nahm das Brot und gab es ihnen, ebenso den Fisch. – Die Jünger wußten jetzt ganz sicher: Der Herr war auferstanden! (nach Joh 21,3-14).

Sprechspiel als Predigt

(Weitere Ministrantinnen und Ministranten treten näher, lesen den Text von der Rückseite ihres Fisches vor und heften den Fisch danach auf die Tafel.)

Gl.: Einige neue Ministrantinnen und Ministranten haben wir schon kennengelernt. Die nächsten möchten uns die Symbole Fisch und Fischernetz noch näher erklären:

1. M.: *(mit Fisch)* Unsere neue Ministrantengruppe zählt ... *(Anzahl)* Kinder: Eine quicklebendige Gruppe – keine stummen Fische! Jeder ist anders. Wir hoffen, daß unser Miteinander gelingt. *(Fisch aufheften)*

2. M.: *(mit Fisch)* Fische leben gerne in Schwärmen. Wenn unsere Gemeinschaft gelingt und wir von der Gruppe begeistert sind, dann möchten auch noch andere mitmachen; zumindest unter unseren Geschwistern. Auch so werden wir kleine Menschenfischer. *(Fisch aufheften)*

3. M.: *(mit Fisch)* Jesus „fing" damals die Jünger. Sie verließen ihre Netze und Familien und folgten ihm nach. Sie haben den Schritt nie bereut. Hilf auch uns, deinem Ruf treu zu bleiben. *(Fisch aufheften)*

4. M.: *(mit Fisch)* Wir dienen am Altar stellvertretend für die ganze Gemeinde. Wir dürfen mit dabei sein, wann immer Jesus Menschen in sein Netz einlädt: bei der Taufe, der Firmung, der Hochzeit, ja selbst bei der Beerdigung! Denn dann fängt Jesus den Verstorbenen auf für sein himmlisches Reich. *(Fisch aufheften)*

5. M.: *(mit Fisch)* Jede Pfarrei ist wie ein großes Netz. Jede muß aufpassen, daß ihr die Fische nicht durch die Maschen gehen. Wenn sich doch jeder Fisch in diesem Netz – getragen und geborgen – einfach wohlfühlen würde! *(Fisch aufheften)*

6. M.: *(mit Fisch)* Wir danken allen, die das Netz unserer Gruppe halten: den jugendlichen und erwachsenen Begleiterinnen und Begleitern. Schenke ihnen im Umgang mit uns das richtige Händchen! *(Fisch aufheften)*

7. M.: *(mit Fisch)* Im Netz der Pfarrei schwimmen noch viel mehr „Ministrantenfische". Insgesamt sind wir ein Schwarm von ... *(Anzahl)* Fischen. Wenn wir uns nicht gegenseitig auffressen, brauchen wir als Gemeinschaft auch ganz große Fische nicht zu fürchten. *(Fisch aufheften)*

8. M.: *(mit Fisch)* Beim Braten eines Fisches erkannten die Jünger den Auferstandenen. Hier am Altar dürfen wir ihn in jeder heiligen Messe als den erkennen, der uns Mut macht und neue Kraft schenkt – wenn wir uns für ihn öffnen. *(Fisch aufheften)*

9. M.: *(mit Fisch)* Als die ersten Christen blutig verfolgt wurden, war der Fisch ihr Geheimzeichen: Wenn einer den Kopf eines Fisches in den Sand oder an eine Wand malte und ein anderer Rumpf und Schwanz anfügte, dann wußten beide ohne jedes Wort, daß sie Christen waren. – Herr, hilf uns, damit wir nie Angst davor haben, in der Schule oder bei Freunden unseren Glauben an dich zu bezeugen. *(Fisch aufheften)*

Gl.: Euren Worten habe ich entnommen, daß ihr einverstanden seid, in den Dienst Jesu Christi genommen zu werden. Darum darf ich jetzt das Netz über eure Fische herablassen ...
Seht ihr, jetzt seid ihr Jesus ins Netz gegangen!
Ein bißchen sieht das jetzt so aus, als wäret ihr im Netz gefangen und nicht geborgen. Darum darf ich euch eine Beobachtung erzählen: Wenn das Hochwasser eines großen Flusses wieder sinkt, sieht man eines Tages Männer mit Wannen und Fässern anrücken, die in flachen Wassermulden der Wiesen nach Fischen suchen. Und richtig: da planschen und schwimmen aufgeregt Fische herum, die einen rettenden Ausweg suchen. Und diese Landwirte und Angler in Gummistiefeln sammeln die Fische in Netzen ein und setzen sie im Fluß wieder aus.

(Josef Vink, vgl. „Kurzg. 5", Nr. 75)

Ein Netz also, das Fische rettet, um aus den Tümpeln dieser Welt herauszufinden in den Strom, der zum Meere Gottes führt. Und gemeinsam mit den anderen Fischen macht es Spaß – wie immer in Gemeinschaft. Und noch ein Gedanke: Vielleicht verstehen das manche Schulkameraden nicht mehr: Ihr laßt euch auf einen Dienst ein, den ihr nicht bezahlt bekommt. Ist Dienen also Dummheit? Die Antwort lautet: Wer irgendwo dient, hilft letztlich sich selber. Wer sich einbringt und verschenkt, wird innerlich reicher. Wer anderen hilft, wird selbst froh dabei. Und diese Freude im Dienst, die wünsche ich euch!

Glaubensbekenntnis
Siehe Anhang 2, Seite 117ff, oder ein Credolied.

Fürbitten
Gl.: Wir rufen zum großen Menschenfischer Jesus:

1. M.: Menschen suchen nach Geborgenheit. Laß die Christen in ihren Gemeinschaften sich wie von einem sicheren Netz gehalten fühlen. – *Liedruf*

2. M.: Mit zwei Fischen und fünf Broten machte Jesus in der Wüste alle satt. – Hilf, daß die Fischvorräte der Meere und die Getreideernten für *alle* Menschen reichen. – *Liedruf*

3. M.: (Begleiter/in): Wir Begleiterinnen und Begleiter sind guten Willens. Gib, daß unser Vorbild im Leben wie in der Kirchengemeinde die Kinder überzeugen kann. – *Liedruf*

4. M.: (ein jüngerer Ministrant/eine jüngere Ministrantin): Menschen leben zufrieden, wenn sie dir mit ganzem Herzen nachfolgen. Hilf allen Ministranten, niemals Feten, Fernsehen und sonstige Vergnügen dem Dienst vorzuziehen. – *Liedruf*

Gl.: Denn du, Jesus Christus, sollst uns der Wichtigste sein, du, unser Weg, unsere Wahrheit und unser Leben. Dir sei Ehre in alle Ewigkeit.

Gabenlied

Gabengebet
Durchdringe, Herr, diese Gaben von Brot und Wein, damit sie uns zur himmlischen Nahrung werden, die uns stärkt auf dem Weg mit dir zum Vater. Darum bitten wir ...

Erstes Hochgebet für Kinder

Einleitung zum Vaterunser

Wir schauen zu dem auf, bei dem Jesus sich geborgen fühlte und sprechen:
Vater unser ...

Einleitung zum Friedensgruß

Wir knüpfen im Lied ein Netz aufeinander zu, miteinander, aneinander,
Shalom, ein Friedensnetz (z.B. in Tr 52).
Dabei legt jeder seine linke Hand auf die Schulter seines linken Nachbarn
und die rechte Hand auf die Schulter der Person vor ihm, so entsteht ein
Netz.

Meditation nach der Kommunion

1. M.: Wir trauen einem kräftigen Netz,
   von den starken Händen Jesu gehalten.
   In stürmischer See wird uns keiner auseinanderbringen.
   Ein sicheres Netz unter uns,
   wenn wir aus der Zirkuskuppel dieser Welt abstürzen.
   Es fängt uns auf, damit uns kein Leid geschieht.

2. M.: Wir glauben an ein festes Netz,
   das unsere Gemeinschaft umgibt.
   Wir achten darauf, daß keiner durch die Maschen fällt.
   Ein Netz wie eine große Hand,
   unter das Auf und Ab unseres Lebens gespannt.
   Diese Hände lassen uns nicht ins Bodenlose fallen.
   Danke für die Kraft,
   die unser Netz einmal in den Hafen Gottes zieht.
   Dort sind wir alle geborgen.

Schlußgebet

Herr, unser Gott. Was in der Taufe begonnen hat, konnten wir jetzt im
Mahl erfahren: Du bist unser Wegbegleiter ins Reich deines Vaters. Wir
bitten dich: Laß uns gemeinsam bei dir ankommen und keinen verlorenge-
hen. Darum bitten wir ...

Segen – Schlußlied

8. Wie Blumen am Altar
(Symbol Sonnenblume)

Vorbereitung
Die gebastelte Blüte einer übergroßen Sonnenblume ist auf einer Tafel gut sichtbar. Noch fehlen an verschiedenen Stellen neun gelbe Blütenblätter, die während des Sprechspiels eingefügt werden. – Vielleicht erhält jede/r MinistrantIn zur Erinnerung eine Postkarte, die eine Sonnenblume zeigt, wie zum Beispiel die Nr. 2301290 bei Fotokunst Groh, D-82237 Wörthsee, oder die Doppelkarte Nr. 551907, ebd. Eventuell werden auf die Rückseite der Karte oder bei der Doppelkarte innen ein paar Sonnenblumenkerne geklebt, dazu auch einige Strophen des Liedes „Kleines Senfkorn Hoffnung" (z.B. Tr 104) gedruckt, um die Hoffnung zu symbolisieren, daß in dieser Aufnahme etwas gesät wird, was noch weiterwachsen kann.

Hinweise
Siehe Seite 8.

Lied zu Beginn

Begrüßung – Hinführung
So viele herrliche Blumen verschönern immer wieder den Altar, um *den* hervorzuheben, den wir hier verehren und anbeten. Die schönsten „Blumen" im Altarraum sind aber unsere Mädchen und Jungen, die hier ihren Dienst verrichten. Heute dürfen wir ... *(Anzahl)* neue Ministrantinnen und Ministranten aufnehmen. Sie werden sich gleich im Sinnbild der Sonnenblume noch vorstellen. Zunächst aber wollen wir uns besinnen und Gott bekennen, daß wir manchmal hinter unseren Möglichkeiten geblieben sind.

Bußakt
1.: Blumen gedeihen besonders prächtig, wenn sie genügend Sonne empfangen. – Aber viele Menschen drehen der Sonne Gottes den Rücken zu.

Gl.: Herr, erbarme dich!

Alle: Herr, erbarme dich!

2.: Gott hat sich für uns Menschenkinder das blühende Paradies dieser Welt ausgedacht. – Wir Menschen aber haben zu viele Giftkräuter ausgesät.

Gl.: Christus, erbarme dich!
Alle: Christus, erbarme dich!

3.: Ein Dichter sagte: Vom Paradies sind noch drei Schätze übrig-geblieben: Kinder, Blumen und Sterne. – Wir aber nehmen uns oft keine Zeit, sie mit Liebe anzuschauen.
Gl.: Herr, erbarme dich!
Alle: Herr, erbarme dich!

Gl.: Der allmächtige Gott erbarme sich unser. Er verzeihe uns besonders, was wir unterlassen. Er helfe uns, die Strahlen seiner Sonne einzu-fangen.

Glorialied

Tagesgebet
Unendlich großer Gott. Wir danken dir für deine schöne Welt und für diese Mädchen und Jungen, die sich in deinen Dienst stellen wollen. Hilf uns, die Strahlen deiner Gnade mit unseren Herzen aufzufangen. Darum bitten wir durch Christus, unseren Herrn.

Lesung aus dem Epheserbrief
Gl.: *(Einleitung:)* „Lebt als Kinder des Lichtes", so schreibt Paulus an die Christen in der Stadt Ephesus; sie liegt in der heutigen Türkei. Wir hören die Stelle genauer.
1. M.: Paulus schreibt: Ihr lebtet einst in der Finsternis. Jetzt aber seid ihr durch unseren Herrn Jesus Christus Licht geworden. So lebt als Kinder des Lichtes!
2. M.: Das Licht bringt lauter Güte – Gerechtigkeit – und Wahrheit hervor. Prüft, was dem Herrn gefällt.
1. M.: Habt nichts gemein mit den Werken der Finsternis, die keine Frucht bringen. Deckt sie vielmehr auf. Denn alles, was aufgedeckt ist, wird vom Licht erleuchtet.
2. M: Alles Erleuchtete aber ist Licht. Deshalb heißt es schon beim Propheten Jesaja: „Wach auf, du Schläfer! Steh auf von den Toten!" Und Christus wird dein Licht sein! (Eph 5,8–11.13–14).

Zwischengesang

Evangelium nach Johannes

Einleitung: Jesus sagt: Bleibt mit mir verbunden! – Was geschieht mit einem Blütenblatt, wenn es abgezupft wird? (Es vertrocknet bald!) Einmal sagte Jesus, und er sagt es jetzt zu uns: Bleibt mit mir verbunden! Bleibt in mir, dann bleibe ich in euch! Wie eine Rebe am Weinstock aus sich keine Frucht bringen kann, sondern nur, wenn sie am Weinstock bleibt, so könnt auch ihr keine Frucht bringen, wenn ihr nicht in mir bleibt. Ich bin der Weinstock, ihr seid die Reben. Wer in mir bleibt und in wem ich bleibe, der bringt reiche Frucht; denn getrennt von mir könnt ihr nichts vollbringen (nach Joh 15,3-5).

Nachwort: Herr, durch diese Worte laß uns mit dir verbunden bleiben.

Sprechspiel

Gl.: Ihr seht, der schönen Sonnenblume fehlen noch einige Blütenblätter. Die neuen Ministrantinnen und Ministranten werden sie jetzt einfügen und uns dabei sagen, was dieses Symbol für den Dienst am Altar bedeuten kann.

1. M.: *(bringt ein Blütenblatt, auf dessen Rückseite jeweils der vorzulesende Text steht)* Die Blüte der Sonnenblume erinnert uns an die Sonne Jesus Christus. Ich hefte mein Blütenblatt in diese Sonnenblume. Es soll ausdrücken: Ich möchte ganz fest zu Jesus Christus gehören. Ich möchte ihm als Ministrant/Ministrantin dienen. *(Blütenblatt anheften)*

2. M.: *(bringt das nächste Blütenblatt)* Auch mein Blütenblatt will sagen: Ich freue mich auf den Dienst für Jesus Christus. Wer sich von ihm gehalten weiß, der kann leichter zu sich und zum Leben „ja" sagen. Er kann deshalb ein froher Mensch sein. *(Blütenblatt anheften)*

3. M.: *(bringt weiteres Blütenblatt)* Auch mein Blütenblatt soll mit Jesus Christus verbunden leben. Wenn wir sein Wort hören und es befolgen, wirkt das wie eine Kraft, die uns am Leben hält. *(Blütenblatt anheften)*

4. M.: *(bringt weiteres Blütenblatt)* Durch ihre Blätter und Blütenblätter atmet jede Blume. Bei uns Menschen atmet die Seele, wenn wir auf Gott hören oder mit ihm sprechen. Das Beten hält unser Leben mit Gott

und Jesus Christus lebendig. Wenn wir in die Stille einer Kirche oder der Natur eintauchen, fällt uns das leichter. *(Blütenblatt anheften)*

5. M.: *(bringt weiteres Blütenblatt)* Auch mein Blütenblatt soll mit der Blüte Jesus Christus verbunden werden: Wer auf ihn und seinen Vater vertraut, wird selbst zum Sonnenstrahl. Er kann die Kräfte weitergeben, die er empfängt. So wird das Miteinander schöner. *(Blütenblatt anheften)*

6. M.: *(bringt weiteres Blütenblatt)* Die Blüten der Blumen richten sich an der Sonne Gottes aus und trinken ihre Kraft. Auch ich möchte Gott nie aus den Augen verlieren, dann fallen alle meine Schatten hinter mich. *(Blütenblatt anheften)*

7. M.: *(bringt weiteres Blütenblatt)* Wenn alle Ministranten unserer Gemeinde ihr Blütenblatt um diese Sonnenblume heften, kommen wir auf ... *(Anzahl)* Strahlen. Es wäre schön, wenn der Wind der Zeit so schnell keine Blütenblätter aus dieser schönen Blüte herausreißen würde. *(Blütenblatt anheften)*

8. M.: *(bringt weiteres Blütenblatt)* Wenn die Blüte verwelkt und die Sonnenblume den Kopf senkt, heißt das nicht, daß alles zu Ende ist. Denn jetzt reifen die Körner heran. Gott helfe uns und allen Ministrantinnen und Ministranten, in ihrem Leben als Christen einmal zur Reife zu kommen. *(Blütenblatt anheften)*

9. M.: *(bringt letztes Blütenblatt)* Noch aber dürfen wir uns an der vollen Leuchtkraft der Blüte erfreuen. Damit sie lange erhalten bleibt, bitten wir um die Begleitung der Eltern und älteren Geschwister, der Freunde und besonders unserer Gruppenbegleiterinnen und -begleiter. *(Blütenblatt anheften)*

Gl.: Jetzt ist die Sonnenblume wirklich zur herrlichen Blüte geworden. Wir freuen uns, wenn ihr, liebe neue Ministrantinnen und Ministranten, wie solche kleine Sonnen an unserem Pfarrhimmel werdet.

Glaubensbekenntnis
Siehe Anhang 2, Seite 117ff, oder ein Credolied.

Fürbitten

Gl.: Wir rufen zum Schöpfer der Welt, der uns seine schöne Erde anvertraut hat, und bitten ihn:

1. M.: In vielen Ländern werden Christen benachteiligt und verfolgt. Schicke ihnen Boten, die vom Licht der Guten Nachricht und der Auferstehung künden. - *Liedruf*
2. M.: Viele Blumen in christlichen Gärten lassen die Köpfe hängen. Schenke ihnen durch dein befreiendes Wort und dein lebendiges Brot neue Lebenskraft, die sie aufrichtet. - *Liedruf*
1. M.: Manche Menschen-Blumen fühlen sich wie aus dem Erdreich gerissen, weil sie Krieg und Not, Ungerechtigkeit und Ausbeutung nicht verkraften. Hilf auch uns dabei, ihnen neue Wurzeln und genügend Erdreich zu schenken. - *Liedruf*
2. M.: Viele Menschen haben sich grellen Neonlichtern zugewandt und erhoffen von hier Glück und Zufriedenheit. Bewege sie, sich an deiner Sonne zu orientieren, damit ihre Ängste und Schatten hinter sie fallen. - *Liedruf*

Gl.: Denn dann loben und ehren wir dich, das Licht gegen alle Finsternis, durch Christus, unseren Herrn.

Gabenlied

Gabengebet

Gütiger Gott. Was deine Sonne auf den Feldern und im Weinberg hat reifen lassen, steht jetzt auf dem Altar: Brot und Wein. Verwandle sie in deinen Leib und dein Blut, damit sie uns stärken, heilen und heiligen. Das erbitten wir durch die Sonne unseres Heiles, durch Christus, unseren Herrn.

Einleitung zum Vaterunser

Wie die Blumen schauen wir auf zu *dem*, der uns alle Gnadengaben schenkt und sprechen: Vater unser ...

Einleitung zum Friedensgruß

Ein wunderschöner Anblick ist ein blühendes Sonnenblumenfeld. Einträchtig stehen alle nebeneinander und suchen die wärmenden Strahlen der

Sonne. So stehen auch wir jetzt nebeneinander. Es kommt nur noch darauf an, die Eintracht untereinander zu zeigen. Tauschen wir den Friedensgruß jetzt so miteinander aus, daß etwas froher Glanz in unsere Augen kommt.

Meditation nach der Kommunion

1. M.: Die Blütenblätter um die Sonnenblume zeigen, Herr: Du brauchst heute auch unsere Hände, um in der Welt zu leuchten und den Menschen Mut zu machen. Du brauchst auch unsere Füße, um ihnen Nähe zu schenken.

2. M.: Jesus braucht heute auch unsere Lippen, um den Menschen von ihm zu erzählen und sie aufzurichten. Er braucht auch unsere Augen, um Not und Leid zu erkennen und zu ändern.

1. M.: So stärke immer wieder alle, die umgraben und säen, mit deinem Wort. Nähre mit deinem lebendigen Brot, was krank und schwach ist.

2. M.: Dann bricht dein Reich des Friedens an. Dann kann das Paradies schon ein wenig sichtbarer werden.

Schlußgebet

Herr, unser Gott. Wir danken dir für diese Feier. Was uns mit dir verbunden hat, davon strahle jetzt etwas hinaus in unsere Welt. Darum bitten wir ...

Aktion

Jetzt können die neuen Ministrantinnen und Ministranten zum Andenken die Postkarte mit einer Sonnenblume bekommen. Dazu ein paar erklärende Worte (siehe oben „Vorbereitung").

Segen – Schlußlied

9. Die „Sonne" Christus weiterstrahlen
(Symbol Sonne/Sonnenstrahl)

Vorbereitung

Eine große Sonne ist aufgeheftet. Für jeden, der seinen Dienst beginnt, wird ein großer Sonnenstrahl angefertigt, auf dem sein Name steht. Wenn Kinder nicht am Sprechspiel teilnehmen, kann ihr Sonnenstrahl bereits angebracht sein. Beim Sprechspiel liest jedes Kind den Text und bringt dann seinen Strahl zur Sonne, wo er aufgeheftet wird. Wenn in mehreren Pfarreien eines Pfarrverbandes MinistrantInnen aufgenommen werden, kann es ein Zeichen der Gemeinschaft sein, die Namen der Kinder aus den anderen Pfarrgebieten schon als Sonnenstrahlen an der Sonne angebracht zu haben. – Achtung: Beim Beschriften der Strahlen darauf achten, auf welcher Seite sie an die Sonne gelegt werden, damit die Namen nicht auf dem Kopf stehen! – Wenn Bergheim im Großraum Köln für Sie nicht zu weit ist, können Sie eine übergroße Sonne aus Holz, in die neun Sonnenstrahlen eingefügt werden, bei uns ausleihen. Anschrift siehe Seite 8.

Hinweise
Siehe Seite 8.

Lied zu Beginn

Hinführung

In einer Zeit, in der die Sonne langsam wieder schwächer scheint (in unserer Gemeinde finden die Aufnahmefeiern in der Regel im Oktober oder November statt), darf ich Ihnen ... *(Anzahl)* neue Sonnenstrahlen vorstellen: ... *(Anzahl)* neue Ministrantinnen und Ministranten, die unser Zusammenleben hier erwärmen; denn Kinder sind der Reichtum jeder Pfarrgemeinde.

Bußakt

Weil es Kinder und Jugendliche heutzutage besonders schwer haben, sich im Nebel unserer Zeit zu orientieren, rufen wir:
Herr, erbarme dich! ...
Lossprechungsbitte.

Glorialied

Tagesgebet

Herr, unser Gott. Ohne die Sonne deiner Barmherzigkeit und Güte wäre unsere Welt zu Eis erstarrt und tot. Wir bitten dich für alle, die deine Strahlen weitergeben möchten: Laß sie froh und mit Ausdauer gegen manche Dunkelheit leuchten. Darum bitten wir ...

Lesung

Einleitung: Wandelt als Kinder des Lichtes!
Lesung aus dem Epheserbrief. –
Liebe Schwestern und Brüder! Seit der Taufe seid ihr durch Jesus Christus, das Licht der Welt, selbst zum Licht geworden. So lebt jetzt auch als Kinder des Lichtes! Dieses Licht bringt Güte hervor, Gerechtigkeit und Wahrheit. Prüft alles im Leben, ob es Jesus Christus gefällt. Geht nicht unter in der Finsternis, und flieht alles Gemeine und Heimliche (nach Eph 5,8-12).
Laßt uns danken für Gottes Wort!

Zwischengesang

Evangelium

In jener Zeit sagte Jesus: *Ich* bin das Licht der Welt. Wer mir nachfolgt, wird nicht in der Finsternis umhergehen, sondern das Licht des Lebens haben. –
Und in seiner Bergpredigt sagte Jesus: *Ihr* seid das Licht der Welt. Eine Stadt, die auf einem Berg liegt, kann nicht verborgen bleiben. Man zündet auch nicht ein Licht an und stülpt ein Gefäß darüber, sondern man stellt es auf den Leuchter; dann leuchtet es allen im Haus. So soll euer Licht vor den Menschen leuchten, damit sie eure guten Werke sehen und euren Vater im Himmel preisen (Joh 8,12 und Mt 5,14-16).

Sprechspiel

(Jede/r MinistrantIn zeigt seinen Sonnenstrahl und bringt ihn, nachdem er seinen/ ihren Text vorgelesen hat, zur Sonne an der Wand, wo ihn jemand dazuheftet. – Gl. kann jeweils den Namen und die Straße der neuen MinistrantInnen nennen, ebenso wichtige Akzente der Ministrantenarbeit einfügen.)
Gl.: Ein Teil der neuen MinistrantInnen hält uns jetzt die Predigt und erklärt uns, welche unterschiedlichen Bedeutungen das Symbol der Sonne haben kann.

1. M.: *(zeigt seinen Strahl)* Ich möchte auch ein Strahl sein, der an die Sonne geheftet wird. Darum steht hier mein Name darauf. Seit einigen Monaten haben wir uns auf unsere Aufgabe, stellvertretend für die Gemeinde tätig zu sein, vorbereitet. Wir möchten durch unseren Dienst diese Gemeinschaft hier lebendiger machen. *(Strahl abgeben)*

2. M.: *(zeigt seinen Strahl)* Das Bild von der Sonne mit ihren Strahlen ist ursprünglich ein Bild für den dreieinigen Gott: Gott Vater ist die Sonne. In Jesus Christus erkennen wir die Strahlen. Im Heiligen Geist wird spürbar, was Sonne und Strahlen bewirken: Er wärmt, was kalt und erstarrt ist. *(Strahl abgeben)*

3. M.: *(zeigt seinen Strahl)* Jesus Christus hat durch sein Licht die Welt heller gemacht. Manchmal sagen wir: „Christus braucht auch unsere Hände, um seine Arbeit heute zu tun." Darum stehen jetzt unsere Namen auf den Strahlen. Wir möchten versuchen, wie Strahlen zu wirken und das Schöne, Gute, Nötige zu tun. So werden wir Christus ähnlich. *(Strahl abgeben)*

4. M.: *(zeigt seinen Strahl)* Es ist nicht leicht, heute die Welt heller zu machen. Wer möchte schon dienen? Darum bitten wir den Heiligen Geist: Schenke uns neuen Ministranten die Leuchtkraft, ehrlich und überzeugend zu dienen und zu helfen. Und das nicht nur in der Kirche. *(Strahl abgeben)*

5. M.: *(zeigt seinen Strahl)* Ein einziger Sonnenstrahl ist zu wenig. Wir sind in unserer Gruppe ein ganzes Bündel von Strahlen: ... *(Anzahl)* Strahlen bringen Lebendigkeit und Wärme in die Gruppe. Es ist schön, sich in einer so großen Gemeinschaft zu treffen. *(Strahl abgeben)*

6. M.: *(zeigt seinen Strahl)* Die Helligkeit der Sonne Gottes läßt Dunkelheit und Angst kleiner werden. Es ist leichter, im Lichte Gottes seinen Weg im Leben zu gehen. Aber es gibt Sackgassen und Irrwege. Wir brauchen Erwachsene, die uns den richtigen Weg zeigen. Darum bitten wir unsere Eltern und Geschwister, uns zu helfen, aber auch die Jugendlichen und Erwachsenen, die unsere Gruppe begleiten. *(Strahl abgeben)*

7. M.: *(zeigt seinen Strahl)* Wer das Licht Jesu Christi erfahren hat, darf diese Wärme nicht für sich behalten. Wir wollen versuchen, ohne Angst draußen im Leben als Christen aufzutreten. Auch dann, wenn wir nur ein mitleidiges Lächeln ernten. *(Strahl abgeben)*

8. M.: *(zeigt seinen Strahl)* In unserer Gruppe gibt es ... *(Anzahl)* weibliche und ... *(Anzahl)* männliche Sonnenstrahlen. Wir finden es schön, daß in unserer Pfarrei beim Dienst am Altar nicht mehr zwischen Jungen und Mädchen unterschieden wird. *(Strahl abgeben)*

9. M.: *(zeigt seinen Strahl)* Wenn alle Ministrantinnen und Ministranten unserer Pfarrei ihren Sonnenstrahl an diese Sonne heften würden, dann hätte sie über ... *(Anzahl)* Strahlen. Immer wieder kommen welche hinzu und nehmen welche ihren fort. Wir bitten Gott für alle, die mitmachen oder mitgemacht haben, daß sie ein Leben lang etwas von der Strahlkraft Christi behalten. *(Strahl abgeben)*

Glaubensbekenntnis
Siehe Anhang 2, Seite 117ff, oder ein Credolied

Fürbitten
 Gl.: Wir rufen zum Licht der Welt, das schon alle Finsternis besiegt hat:

1. M.: Für unsere neuen Ministranten und die ganze Ministrantenschar: Laß sie mit Freude, ja Begeisterung, ihren Dienst an der Gemeinde verrichten. - *Liedruf*
2. M.: Für die Eltern und Geschwister, Begleiterinnen und Begleiter: Schenke ihnen genügend Leuchtkraft und eine glückliche Hand. - *Liedruf*
1. M.: Für alle Menschen: Zeige ihnen in aller Dunkelheit von Leid und Ungerechtigkeit das Licht deiner Nähe. - *Liedruf*
2. M.: Für uns selbst: Hilf, daß wir uns alle an deiner Sonne ausrichten, damit unsere Schatten hinter uns fallen. - *Liedruf*

Gl.: Denn dann werden wir selbst zum Licht und ehren den Geber aller Gaben durch Christus, unseren Herrn.

Gabenlied

Gabengebet
Vater im Himmel! In deinem Sohn ist der Welt das Licht aufgeleuchtet. Laß uns in diesen Gaben von Brot und Wein dein göttliches Leben empfangen, damit wir selbst Licht werden für die Welt. Darum bitten wir ...

Zur Erhebung der Hostie
Seht die kleine Sonne, die sich für uns zerbrechen ließ *(jetzt erst brechen)*, um die Finsternis zu besiegen.

Meditation nach der Kommunion
1. M.: Christus braucht auch unsere Hände,
    um seine Arbeit heute zu tun.
    Er braucht auch unsere Füße,
    um Menschen auf seinem Weg zu führen.

2. M.: Christus braucht auch unsere Lippen,
    um Menschen von ihm zu erzählen.
    Er braucht auch unsere Hilfe,
    um Menschen auf seine Seite zu bringen.

1. M.: Darum sind wir heute die Sonnenstrahlen Christi.
    Durch uns kann die Welt wärmer und heller werden,
    wenn wir Vertrauen schenken und Nähe und Hilfe.

2. M.: Darum sind wir heute die Sonnenstrahlen Christi.
    Durch uns kann die Welt spüren und erfahren:
    Jesus Christus ist *das* Licht für alle Menschen!

Schlußgebet
Herr, unser Gott! Wir haben unsere Herzen in deine Sonne gehalten und danken dir für deine Zuneigung zu uns Menschen. Hilf uns jetzt, besonders den neuen Ministrantinnen und Ministranten, Werke der Liebe und des Lichtes zu vollbringen. Darum bitten wir ...

Segen – Schlußlied

10. „Von oben" gehalten
(Symbol Mobile)

Vorbereitungen

1. Einige Zeit vor der Aufnahme wählen die neuen MinistrantInnen ihr Symbol aus und zeichnen es zweimal: einmal für das Sprechspiel und einmal für das Mobile selbst. Mehr als zehn Symbole sollten aber nicht eingesetzt werden.
2. Neben oder über dem Altar hängt (wie im Advent ein Adventskranz) das Mobile mit den verschiedenen Elementen – vielleicht so, daß die brennende Osterkerze genau darunter paßt und mit ihrer aufsteigenden Wärme das Mobile ständig in Bewegung hält.

Hinweise

Siehe Seite 8.

Lied zu Beginn

Begrüßung – Hinführung

Ein großes Mobile fällt uns heute im Altarraum in die Augen und neue Gesichter im Dienst am Altar. Wir freuen uns, im Symbol des Mobile die Mädchen und Jungen in die Schar der Ministranten aufnehmen zu dürfen.

Bußakt

1.: Jedes Element am Mobile dreht sich um sich selbst. – Wir brauchen den Blick dafür, daß wir untereinander verbunden sind.
Gl.: Herr, erbarme dich!
Alle: Herr, erbarme dich!

2.: Wenn ein Element hinzukommt, müssen alle anderen sich neu auspendeln und einen neuen Platz einnehmen. – Die alten Ministranten mögen die neuen mit Freude annehmen.
Gl.: Christus, erbarme dich!
Alle: Christus, erbarme dich!

3.: Wenn ein Element abfällt, hängt vielleicht das ganze Mobile schief. – Immer wieder drohen welche aus unserer Gemeinschaft herauszufallen.
Gl.: Herr, erbarme dich!
Alle: Herr, erbarme dich!

Gl.: Der gute Gott erbarme sich unser. Er füge uns zu einer Einheit zusammen; denn gemeinsam ist es leichter, den Weg ins ewige Leben zu finden.

Glorialied

Tagesgebet

Mächtiger Gott! Seit der Taufe bist du in deinem Sohn an unserer Seite. So präge unsere Herzen nach seinem Herzen, damit die Freundschaft zu dir und untereinander spürbarer wird. Darum bitten wir ...

Kurzgeschichte

Gl.: (*Einleitung:*) Die einzelnen Elemente am Mobile ergeben ein Ganzes. Wir hören eine Geschichte, die uns die Kraft einer Gemeinschaft aufzeigt.

1. M.: Die vielen Elemente sind vergleichbar mit Holzstücken, die zu einem Holzstoß zusammengetragen wurden. Als die Dunkelheit hereinbrach, entfachten Menschen damit ein Feuer.

2. M.: Die Glut des Feuers wärmte sie. Der Schein der Flammen erhellte ihre Gesichter.

1. M.: Einer aber wollte für sich allein sein. Er nahm seinen brennenden Holzscheit und setzte sich abseits.

2. M.: Zunächst leuchtete der glimmende Span noch und strahlte Wärme aus. Bald aber ließ die Glut nach, und der allein sitzende Mann spürte erneut die Dunkelheit und die aufkommende Kälte.

1. M.: Da besann er sich. Er nahm das schon erkaltete Holz und trug es zurück in die Glut des großen Feuers. Hier fing es erneut Feuer und begann zu brennen.

2. M.: Und der Mann setzte sich wieder in den Kreis der anderen. Er wärmte sich auf. Der Schein der Flammen erhellte sein Gesicht.

(Nach Lothar Zenetti)

Gl.: Jesus möchte Gemeinschaften, damit wir ein Feuer entzünden, das hell in unsere Welt lodert.

73

Alternativen

1. „Kurzg. 4": Nr. 88: Eine „Gemeinde" sind alle, die helfen, das ewige Leben in unseren Herzen zu bauen.
2. „Kurzg. 1", Nr. 180: Den „Faden nach oben" nicht abbeißen, weil dann alles zusammenfällt.

Oder

Lesung: Apg 2,44-47: Die ersten Christen machten alles gemeinsam.

Zwischengesang

Evangelium
Einleitung: Bleibt mit mir verbunden!
Joh 15,4-5: Weinstock - Reben
oder Joh 15,9-12.14: Bleibt in meiner Liebe.

Sprechspiel

Gl.: Jedes Element am Mobile trägt ein anderes Symbol, das uns jetzt unsere neuen Ministrantinnen und Ministranten näher erläutern.

1. M.: *(zeigt Zeichnung: ein Fisch)* Der Fisch ist nicht nur das Symbol für Jesus selbst. Er war auch das geheime Erkennungszeichen der ersten Christen. Sie standen allein gegen eine heidnische Umwelt. Einer davon ist der Patron der Ministranten, der heilige Tarzisius. Er ließ sich in seinem Dienst an Jesus sogar von einer Horde Jungen totschlagen. Auch wir möchten Jesus dienen. *(stellt sich mit seinem Bild zu einem Halbkreis auf)*

2. M.: *(zeigt Zeichnung: ein Kännchen mit Wasser)* Unsere Freundschaft mit Jesus begann, als uns bei der Taufe das Zeichen des Wassers über unseren Kopf gegossen wurde. Zur Gabenbereitung bringen wir ein Kännchen mit Wasser. Jesus nimmt uns an, so wie das Tröpfchen Wasser vom Wein angenommen wird. *(zum Halbkreis ...)*

3. M.: *(zeigt Zeichnung: eine Schale mit Brot)* Die verschiedenen Körner haben sich hingegeben. So konnte Brot entstehen, das uns ernährt. Im lebendigen Brot auf dem Altar kommt *der* in unser Herz, dem wir dienen. *(zum Halbkreis ...)*

4. M.: *(zeigt Zeichnung: eine Weintraube)* Ähnlich gaben sich viele Trauben in den Wein, der das Herz des Menschen erfreuen kann. So verschieden wie diese Trauben, sind auch wir Menschen. Wenn wir um Christi willen den anderen dienen, wird die Welt freundlicher. *(zum Halbkreis ...)*

5. M.: *(zeigt Zeichnung: ein Kelch)* Immer wieder dürfen wir jetzt den Kelch zum Altar bringen: Er steht nach unten fest auf dem Altartisch, aber nach oben ist er geöffnet für das, was Gott schenken will. So möchten wir auch werden: Fest mit der Erde verbunden, aber offen für die Geschenke Gottes. *(zum Halbkreis ...)*

6. M.: *(zeigt Zeichnung: ein Kreuz)* Das Kreuz ist das Siegeszeichen unseres Herrn. Er hat uns in diese Aufgabe als Ministranten berufen. Das Kreuz deutet an, daß nicht immer alles leicht wird. Aber wir möchten ihm dienen. *(zum Halbkreis ...)*

7. M.: *(zeigt Zeichnung: ein geöffnetes Herz)* Dieses geöffnete Herz weist auf den Guten Hirten hin, der sein Leben gibt für seine Schafe. Ihm, der dem Verlorenen nachgeht, möchten auch wir unser Herz öffnen. *(zum Halbkreis ...)*

8. M.: *(zeigt Zeichnung: eine brennende Kerze)* Oft tragen wir Kerzen, um das Wort Gottes im Evangelium und das lebendige Brot in der Wandlung hervorzuheben. Wir möchten wie diese Kerzen sein, die sich verzehren, um Licht und Wärme zu spenden. *(zum Halbkreis ...)*

9. M.: *(zeigt Zeichnung: ein Blumenstrauß)* Viele solcher Blumen verschönern den Altarraum. So wie eine Blume das Licht braucht, so möchten wir uns an der Sonne Jesus Christus orientieren. *(zum Halbkreis ...)*

10. M.: *(zeigt Zeichnung: einen Bienenkorb, den Bienen umschwirren)* Der heilige Ambrosius verglich den Bienenkorb mit der Kirche als einen Ort der Geborgenheit. Wir Ministrantinnen und Ministranten möchten besonders fleißige Bienen im Dienst an Jesus Christus werden. *(zum Halbkreis ...)*

11. M.: *(zeigt Zeichnung: ein Regenbogen)* Wir sind eine muntere bunte Schar von ... *(Anzahl)* neuen Ministranten - so bunt wie die Farben des Regenbogens. Er erinnert an den Bund zwischen Gott und den

Menschen, der sich in Jesus Christus immer wieder erneuert. Wir danken dafür, daß wir dem heiligen Geschehen auf dem Altar so nahe sein dürfen. *(zum Halbkreis ...)*

Weitere mögliche Symbole:
Schiffchen mit Weihrauchkörnern = Auf dem Schiff der Kirche möchten wir zu einer guten Mannschaft beitragen.
Wagenrad = Als Speiche werden wir gehalten von der Mitte Jesus Christus und der Gemeinschaft der Christen.
Taube mit Heiligenschein = Hl. Geist, der uns untereinander verbinden kann, damit wir eines Sinnes in der Gruppe werden und gut zusammenhalten.
Anker = In der Hoffnung auf Jesus Christus und in der Gemeinschaft von Christen läßt sich der Weg in den Hafen Gottes leichter finden.

Predigt
Wir schauen auf das Mobile.
1. Die kleinen Elemente werden von den größeren gehalten. Wer mehr Glaube an Gott geschenkt bekam, trägt auch mehr Verantwortung, diese Gnade weiterzugeben. Danke an Eltern, Paten und Gruppenbegleiterinnen und -begleiter, den tragenden „Elementen" am Mobile.
2. Die Elemente bewegen sich ständig, ohne sich zu behindern. Es darf in jeder Gemeinschaft Auseinandersetzungen geben. Aber wie jetzt das Mobile von der aufsteigenden Wärme der Osterkerze in Bewegung gehalten wird, so möchte Gottes Geist uns zu einer harmonischen Gemeinschaft formen, in der sich die dünnen Fäden nicht verwirren oder sogar Verbindungen abreißen.
3. Das Mobile ist an einem zentralen Punkt festgemacht und läßt doch den einzelnen Elementen viel Freiheit, sich zu- und abzuwenden. Die Liebe Gottes, die in Jesus Christus sichtbar wurde, trägt und erträgt alles. Wenn aber dieser Halt „nach oben" reißt, zerstört das die Gemeinschaft und die Versuche des Miteinanders.

Meditationsmusik

Glaubensbekenntnis
Siehe Anhang 2, Seite 117ff, oder ein Credolied.

Fürbitten

Gl.: Wir rufen zu unserem Herrn Jesus Christus, der unsere Mitte ist, und bitten ihn:

1. M.: Schenke den verschiedenen christlichen Kirchen Harmonie untereinander. - *Liedruf*
2. M.: Füge die verschiedenen Elemente in staatlichen und kirchlichen Gemeinschaften zu einem guten Miteinander. - *Liedruf*
3. M.: Hilf uns Christen, einzusehen, daß sich ein Mobile nur so lange drehen kann, wie es an dir, dem zentralen Punkt, befestigt ist. - *Liedruf*
4. M.: Laß sich die verschiedenen Elemente in den neuen und alten Ministrantengruppen lebhaft bewegen, ohne sich gegenseitig zu behindern und anzustoßen. - *Liedruf*
5. M.: Wir bitten dich für alle Elemente in Gemeinschaften, die sich allein gelassen fühlen und sich nun enttäuscht um sich selber drehen. - *Liedruf*

Gl.: Damit deine Nähe und dein Halt überall spürbar werden, der du lebst und liebst bis in Ewigkeit.

Gabenlied

Gabengebet
Mächtiger Gott. Wir können es nicht fassen: Das Brot auf dem Altar wandelt sich in dein lebendiges Brot. Verwandle auch uns, damit wir mit dir und untereinander verbunden bleiben - durch Christus, unseren Herrn.

Einleitung zum Vaterunser
Führe uns, wenn wir versucht sind, das Leben ohne dich zu wagen. So laßt uns beten: Vater unser ...

Einleitung zum Friedensgruß
Wie am Mobile alle Elemente untereinander verbunden sind, so verbinden wir uns nun mit den Händen und bilden eine Menschenkette. Jetzt kann der Friede Gottes fließen! Der Friede des Herrn sei allezeit mit euch!

Meditation nach der Kommunion

1. M.: Wenn wir uns umkreisen wie Elemente am Mobile,
werden Angst und Mißtrauen geringer.
Jeder behält eine Menge Freiheit,
aber wir spüren auch das Miteinander.

2. M.: Wenn viele Schwache sich verbinden,
dann wird daraus eine große Macht.
Gehalten von der Kraft aus der Höhe,
bilden wir etwas, das Frieden schafft.

1. M.: Wenn wir untereinander Vertrauen aufbauen,
dann werden hier Fremde zu Freunden.
Wenn wir uns an Jesus Christus hängen,
dann sind wir gehalten heute und morgen.

2. M.: Gemeinschaft mit Jesus schafft Versöhnung;
da reichen wir Hände und halten uns fest.
Da erbarmen wir uns der Schwachen und Stummen
und sorgen für Recht und Gerechtigkeit.

Schlußgebet

Herr, danke für diese Feier, die uns mit dir und untereinander verbunden hat. Hilf uns, füreinander einzustehen und in dir alle Schwierigkeiten zu überwinden, damit dein Reich kommt. Darum bitten wir ...

Segen – Schlußlied

11. Fleißig im Dienste Jesu
(Symbol Biene/Bienenkorb)

Vorüberlegungen

1. Die Symbole Bienen, Bienenvolk und Honig kommen in unseren Gottesdiensten sozusagen nicht vor. In den letzten zwanzig Jahren begegnete mir in Gottesdienstentwürfen nur bei Franz Pitzal eine Feier zur Erstkommunion „Gemeinsam wie die Bienen" im Pustet-Verlag, Regensburg 1988 (abgedruckt auch in Kindermessbörse 89-1, S. 9f). Auch Wilhelm Willms kennt das Motiv in seinem Buch „aus der luft

gegriffen", Butzon & Bercker, Kevelaer 1976, S. 64f: Er weist darauf hin, daß Täuflingen früher nach der Taufe Honig in den Mund geträufelt wurde.

In der Antike spielte die Biene hingegen eine große Rolle. Zum Beispiel war sie bei den Griechen das „priesterliche" Tier, da sie nach ihrer Meinung alles Unreine meidet und nur vom Duft der Blume lebt. Daher wurde sie auch im Abendland zum Sinnbild der Reinheit.

Das Bienenvolk galt als Symbol für ein geordnetes Staatswesen. Der Kirchenvater Ambrosius, der gerne mit einem Bienenkorb dargestellt wird, vergleicht die Kirche mit einem Bienenkorb und die Christen mit den stets treuen und fleißig arbeitenden Bienen. Sie würden alles prüfen, aber aus der Welt nur das Beste, den Honig, behalten. Ambrosius selbst, wie auch Johannes Chrysostomos und Bernhard von Clairvaux werden „honigsüße Beredsamkeit" zugeschrieben.

2. Ein Bienenvolk ist eines der großen Wunder in der Natur. Hier einige Zahlen und Zusammenhänge, auf die der Gottesdienst nicht weiter eingeht: In der Bundesrepublik gibt es ca. 1,2 Millionen Bienenvölker, die 15 Millionen Kilogramm Honig „produzieren", also den Imkern etwa 100 Millionen DM einbringen können. Für die Bundesbürger als größte Honigverbraucher der Welt mit mehr als 60 Millionen Kilogramm reicht das bei weitem nicht aus. – Die Bienenvölker helfen bei der Ertragssteigerung im Obst- und Gartenbau sowie in der Landwirtschaft durch Bestäubung (bei Kernobst zum Beispiel bis zu 90 Prozent). Auf einen Hektar Land oder Obstbäume kommt mindestens ein Volk. Wo ein Bienenvolk existieren kann, ist die Natur noch gesund! Honigsorten: von Obstblüten, Löwenzahn, Raps, Klee, Linden, Edelkastanien, Akazien, Waldblüten, Sommerblumen, Wald, Heide, Tannen. Die Biene ist „stetig": Sie besucht bei jedem Flug nur *eine* Blütenart.

Es gibt dreierlei Bienen: Die *Bienenkönigin*, die im Mai/Juni täglich bis dreitausend Eier legen kann, wird drei bis vier Jahre alt; die *Drohnen*, die Männchen, haben eine Lebenszeit von zwei bis drei Monaten. Und die Arbeiterinnen, 8.000 bis 20.000 im Winter, 50.000 bis 70.000 im Sommer, leben sechs bis acht Wochen im Sommer und sechs bis acht Monate im Winter. Sie heizen oder kühlen den Stock durch Flügelschlag, verteidigen die „Haustür", das Flugloch, pflegen die Brut, füttern die Königin (die täglich mehr als ihr Eigengewicht an Eiern legen kann!) und reinigen den Stock ...

Die sechseckigen Zellen der Bienenwaben bedeuten größtmögliche Raumnutzung bei kleinstem Materialaufwand. Fleißige Arbeitsbienen: für drei Pfund Nektar, die ca. ein Pfund Honig ergeben, muß eine Biene ca. 120.000 Flugkilometer zurücklegen!

Alle Drohnen, die beim „Hochzeitsflug" die Bienenkönigin befruchten, sterben anschließend. Der Befruchtungsstachel wird dabei herausgerissen, was zum Tode führt.

Vorbereitungen

1. Beim nächsten Imker können Sie erfahren, wo es möglich ist, einen „klassischen" Bienenkorb auszuleihen. Neben einem Bienenkorb wird für den Gottesdienst noch

benötigt: eine Bienenwachskerze, ein Stück Bienenwabe und entsprechend der Anzahl der aufzunehmenden MinistrantInnen gebastelte Bienen, die beim Sprechspiel auf den Bienenkorb und in langen Fäden an oder um den Bienenkorb gehängt werden. – Ob Sie einen Imker in „voller Montur" gewinnen können, der etwas zum Leben der Bienen sagt? Das wäre auch ein Beitrag zum Umweltschutz!

2. Eventuell verteilen die neuen Ministrantinnen und Ministranten am Ende des Gottesdienstes kleine gefüllte Honigtöpfchen (wie sie in Hotels und im Handel fürs Frühstück angeboten werden) an die Kinder.

Hinweise
Siehe Seite 8. –
Das Sprechspiel ist auf 14 neue MinistrantInnen ausgerichtet. Wenn es mehr sind, können welche bei den Fürbitten und noch zwei bei der Meditation nach der Kommunion „ihre Bienen" an den Korb heften.

Lied zu Beginn

Begrüßung – Hinführung
Vor dem Altar steht ein Bienenkorb. Bei der Aufnahme unserer neuen Ministrantinnen und Ministranten werden gleich ... *(Anzahl)* Bienen angeflogen kommen! – Die Honigbiene ist auf Gemeinschaft hin angelegt, ein soziales Insekt; als Einzelwesen kann sie nicht leben. Auch wir können ohne Familie und als Christen ohne die Gemeinschaft einer Pfarrgemeinde nicht richtig wachsen und gedeihen.

Bußakt
Weil sich aber so viele in der Welt nicht geborgen fühlen und vielen auch der Kontakt zu einer guten Gemeinschaft der Christen fehlt, rufen wir: Herr, erbarme dich! ...
Lossprechungsbitte.

Tagesgebet
Herr, unser Gott, wir möchten dich Vater und Mutter nennen, weil wir deine Kinder sind. Wir leben dicht gedrängt in unserer Welt wie in einem riesigen Bienenkorb. Laß unser Zuhause, unsere Pfarrgemeinde und unsere Kirche so sein, daß wir uns darin wohlfühlen – wie Bienen in ihrem Korb. Darum bitten wir ...

Lesung aus dem Buch des Propheten Ezechiel

Einleitung: Bevor der Prophet Ezechiel die Botschaft Gottes zu seinem widerspenstigen Volk brachte, mußte er zuerst eine Buchrolle essen, die süß wie Honig schmeckte. –

Da sprach eine Stimme zu mir: „Du, Menschensohn, höre, was ich zu dir sage: Sei nicht widerspenstig wie dieses widerspenstige Volk. Öffne deinen Mund, und iß, was ich dir gebe." Und ich sah: Eine Hand war ausgestreckt zu mir, sie hielt eine Buchrolle. Er rollte sie vor mir auf. Sie war innen und außen beschrieben ... Und er sagte noch einmal zu mir: „Menschensohn, iß, was du vor dir hast. Iß diese Rolle! Dann geh, und rede zum Haus Israel!" Und ich öffnete meinen Mund, und er hieß mich die Rolle essen. Er sagte zu mir: „Gib deinem Magen zu essen, fülle dein Inneres mit dieser Rolle, die ich dir gebe." Ich aß sie, und sie wurde in meinem Mund süß wie Honig (Ez 2,8-10; 3,1-3).

Oder

Ex 16 erzählen: Das Manna in der Wüste, das die Israeliten vierzig Jahre lang vor dem Hungertod bewahrte, schmeckte süß wie Honigkuchen (vgl. Ex 16,31).

Zwischengesang

Evangelium nach Matthäus

Einleitung: Früher wurde bei der Taufe den Säuglingen etwas Honig in den Mund geträufelt. Das bedeutete wie beim Propheten Ezechiel, dem die Buchrolle mit den Worten Gottes süß wie Honig schmeckte: Nimm auch den süßen Honig der Worte und des Brotes Jesu Christi in deinen Mund auf, und du wirst gesund. – Wir hören jetzt Worte Jesu, die uns wie Honig über die Zunge gehen können:

Jesus sagte, und er sagt es jetzt zu uns:

Selig, die sich arm fühlen vor Gott, denn ihnen gehört das Himmelreich.

Selig die Trauernden, denn sie werden getröstet werden.

Selig, die keine Gewalt anwenden, denn sie werden das Land erben.

Selig, die hungern und dürsten nach der Gerechtigkeit, denn sie werden satt werden.

Selig die Barmherzigen, denn sie werden Erbarmen finden.

Selig, die ein reines Herz haben, denn sie werden Gott schauen.

Selig, die Frieden stiften, denn sie werden Söhne und Töchter Gottes genannt werden.
Selig, die um der Gerechtigkeit willen verfolgt werden, denn ihnen gehört das Himmelreich.
Selig seid ihr, wenn ihr um meinetwillen beschimpft und verfolgt und auf alle mögliche Weise verleumdet werdet. Freut euch und jubelt: Euer Lohn im Himmel wird groß sein. Denn so wurden schon vor euch die Propheten verfolgt (Mt 5,3-12).

Oder
Joh 14,1-3b: Jesus bereitet uns die himmlischen „Waben" (Wohnungen) vor.

Sprechspiel
(Die Kinder kommen einzeln aus dem Altarraum ans Mikrofon, sprechen ihren Text und geben einem/r BegleiterIn ihre gebastelte Biene, die an den Bienenkorb geheftet wird. Wabe und Honigglas werden augenfällig aufgestellt; die Bienenwachskerze als eine der Altarkerzen aufgesteckt.)

1. M.: Ich bin eines der diesjährigen Kommunionkinder. Seit einigen Monaten haben wir uns in wöchentlichen Übungsstunden auf den Altardienst vorbereitet. Heute werden wir in die große Schar der Ministranten aufgenommen. - Wir möchten im Gleichnis der Bienen sagen, was uns wichtig ist. *(Biene weiterreichen)*

2. M.: In unserer Gruppe zählen wir ... *(Anzahl)* Mädchen und Jungen. Die summen manchmal wie ein Bienenschwarm durcheinander. Lernen und Spielen, Beten und Singen machen auch ein lebendiges Ministranten-Völkchen aus. *(Biene weiterreichen)*

3. M.: Bienen leben geschlossen als ein Volk. Jede übernimmt eine Aufgabe, damit die bunte Gemeinschaft lebensfähig ist. - So ist auch unsere Gemeinschaft nur schön, wenn jeder bereit ist, zu geben und zu nehmen, zu nehmen und zu geben. *(Biene weiterreichen)*

4. M.: Bienen sind bekannt für ihren Fleiß. Sie sammeln in emsiger Arbeit den Nektar der Blüten und verarbeiten ihn zu Honig. - Auch wir Ministranten möchten fleißig und hilfsbereit im Dienst sein. Das erwartet auch die Gemeinde von uns, die wir am Altar vertreten. *(Biene weiterreichen)*

5. M.: Bienen haben es einfach, ihrem Volk treu zu bleiben. Ihnen hilft eine innere Antenne, um stets zum Bienenkorb zurückzufinden. – Uns wird es manchmal schwerfallen, in den verlockenden Angeboten der heutigen Zeit immer zuverlässig und pünktlich zu sein. *(Biene weiterreichen)*

6. M.: Die Bienen holen aus allen Blüten, selbst aus giftigen Pflanzen, das Gute und Schöne, den Nektar. – Auch wir möchten aus unserer Welt mit ihrem Schönen und Gefährlichen nur das heraussuchen, was in den Augen Gottes wertvoll ist. Unser Gewissen und unsere Gespräche in der Gruppe helfen uns dabei. *(Biene weiterreichen)*

7. M.: Bienen haben auch Feinde: die Hornissen, den Regen und die Kälte. – Wir bitten darum, daß Eltern und Geschwister, Leiterinnen und Leiter der Gruppe uns helfen, in allen Gefahren treu zum Dienst am Altar und zu Jesus zu stehen; besonders, wenn uns Bequemlichkeit und Gleichgültigkeit bedrohen. *(Biene weiterreichen)*

8. M.: Bienen geben selbstverständlich das Leben für ihr Volk, wenn sie angegriffen werden. – Auch wir wollen füreinander einstehen, wenn einer aus unserer Gruppe verleumdet oder angegriffen wird. Das verstehen wir unter Kameradschaft. *(Biene weiterreichen)*

9. M.: Bienen (nur die weiblichen Arbeitsbienen!) können sich wehren und zustechen, wenn sie angegriffen werden. – Auch wir Christen dürfen uns nicht alles gefallen lassen. Wir bitten Gottes Geist um die richtigen Worte und Taten, wenn wir uns wehren müssen, weil es *um Jesus* geht. *(Biene weiterreichen)*

10. M.: Wenn weiter so viel Gift verspritzt wird und immer weniger Blumen und Bäume blühen, werden noch mehr Bienenvölker sterben. – Wir bitten um Menschen, die uns mit Wohlwollen umgeben, Kinder und Jugendliche nicht immer kritisieren – und auch für uns beten. *(Biene weiterreichen)*

11. M.: *(mit einem Stück Bienenwabe)* So eine Bienenwabe ist ein Kunstwerk. In ihr wird der Honig aufbewahrt. – Auch jede gute, kleine Gemeinschaft ist etwas Kostbares, weil in ihr Freude und Leid geteilt wird, Gutes und Schönes seinen Platz hat. *(Ausstellen)*

12. M.: *(mit einem Glas Honig)* Der Honig schmeckt nicht nur gut, er hält auch gesund wie eine Arznei. – Wir wünschen uns und den vielen Meßdienergruppen, andere etwas trösten und heilen zu können. *(Ausstellen)*

13. M.: *(mit einer brennenden Bienenwachskerze)* Aus dem Wachs der Bienen ist diese Kerze geformt und kann einen ganzen Raum mit Duft erfüllen. – Auch wir möchten uns im Dienst an Jesus und seiner Kirche wie diese Kerze verzehren und Licht, Duft und Wärme schenken. *(Kerze auf den Altarleuchter setzen)*

14. M.: Das Haus der Bienen ist der Bienenkorb *(auf ihn zeigen!)*. Hier fühlen sie sich wohl und geborgen. – Neben der Familie soll auch für uns die Kirche das Haus sein, in dem wir uns zu Hause und geborgen fühlen.

Bausteine zur Predigt

Neben der Bedeutung der MinistrantInnen als Stellvertreter der Gemeinde kann der Prediger noch folgenden Gedanken einbringen: Die Honigbiene ist ganz auf Gemeinschaft hin angelegt. Alleine ist sie nicht lebensfähig – wir hörten es schon. Dazu eine Beobachtung im Bienenkorb: Wenn eine Biene im Umkreis von hundert Metern Nektar oder Honig gefunden hat (Fachausdruck: eine Trachtquelle), beginnt sie auf der Wabe einen Rundtanz. Je ergiebiger die Quelle, um so rascher tanzt sie. Liegt diese Honigquelle weiter entfernt, bei gutem Wetter bis 600 Meter, dann beginnt die Sammelbiene ihren sogenannten Schwänzeltanz, der so aussieht, als tanze sie eine liegende Acht. An der Tanzrichtung, die sich an der Sonne orientiert (= der Winkel zwischen der Geraden Bienenstand/Sonne zu Bienenstand/Trachtpflanze wird angezeigt. Die Anzahl der Tanzwendungen gibt die Entfernung an), und in der Schnelligkeit der Bewegungen – je langsamer, um so weiter entfernt – bekommen die Bienen alle Informationen mitgeteilt, um den Nektar zu finden. Ist das nicht toll? Die Biene behält also diese Quelle, den Schatz, nicht für sich, sondern teilt ihn sofort den anderen mit! Wenn wir als Ministranten, wenn wir als Gemeinschaft der Christen füreinander solch einen Blick hätten, dann wären wir wie eine Gemeinde aus den Anfängen des Christentums, von der auch gesagt wurde: „Seht, wie sie einander lieben." (Oder Sie deuten die von der Biene gefundene Trachtquelle auf den Schatz des Glaubens: Wir brauchen Christen, die diesen Glauben so engagiert weitergeben. Mission!)

Meditationsmusik

Glaubensbekenntnis
Siehe Anhang 2, Seite 117ff, oder ein Credolied.

Fürbitten
Pr.:   Herr, unser Gott. In deiner Schöpfung können wir den Reichtum deiner Phantasie ahnen. Wir staunen über das Wunder eines Bienenvolkes. Wir bitten dich:

1. M.: Bienen leben geschützt in einem Korb. - Hilf allen Menschen, die ohne Dach über dem Kopf und ewig hungrig leben müssen. - *Liedruf*

2. M.: Honig heilt, stärkt und beugt vor. - Laß besonders die Christen, die aus dem Wort Gottes ihre Kraft schöpfen, Verantwortung für die Welt zeigen. - *Liedruf*

1. M.: Ein Bienenvolk ist stark, weil es zusammenhält und jede Biene ihrer Aufgabe nachkommt. - Mach uns durch die Gemeinschaft in deiner Kirche stark. - *Liedruf*

2. M.: Bienen erzeugen Wachs, aus dem Kerzen gedreht werden können. - Hilf den Ministranten und allen, die im Dienst der Kirche stehen, die Welt etwas heller zu machen! - *Liedruf*

1. M.: Bienen erzeugen Honig. - Hilf uns, in unserer Umgebung zum Wohlgeschmack, zum Glück und zum Segen beizutragen. - *Liedruf*

Pr.:   Denn dann ehren wir dich und sagen dir Lob und Dank durch Christus, unseren Herrn.

Gabenlied

Gabengebet
Herr, nimm die Gaben unserer Erde an, und mache sie für uns zu einem Sakrament, das uns stärkt und heilt und uns von aller Bosheit befreit. Darum bitten wir ...

Präfation

für die Sonntage im Jahreskreis V: Das Ziel der Schöpfung.
(Das Wort „herrschen" ersetzen durch „die Erde zu verwalten".)

Meditation nach der Kommunion

1. M.: In der neunten Folge der Fernsehserie „Warum Christen glauben",
die vor einigen Jahren gesendet wurde, sagt der Sprecher einen Text,
in dem der Bienenkorb mit unserer Welt verglichen wird. Da heißt
es:

2. M.: Ein Bienenvolk besteht aus Tausenden Bienen. Jede einzelne hat
genaue Aufgaben zu erfüllen. Die Arbeitsbienen bauen Waben,
pflegen die Brut, nähren das Volk, verteidigen es gegen Feinde. Die
Königin legt die Eier – bis zu dreitausend am Tag. Ein Hofstaat von
jungen Bienen umgibt sie, wohin sie geht; reicht ihr das Futter,
streichelt sie – und das alles tun die Bienen von selbst, ohne lange zu
fragen.

1. M.: Der „Imker" – der Bienenvater – hat ihnen das Haus gebaut. Die
Bienen wissen, er ist da; spüren seine Gegenwart an den Zeichen, die
er hinterläßt; an der Fürsorge, die er für sie hat. Natürlich kann
keine Biene den Bienenvater beschreiben. Aber jede weiß, daß es ihn
gibt.

2. M.: Und würde eine junge Biene einer alten Biene sagen: „Ich glaube
nicht an einen Bienenvater" und „Er hat uns kein Haus gebaut" –,
die alte Biene würde sich ärgern, weil sie ihn ja immer wieder
erfahren hat.

1. M.: Wir Menschen sind zwar keine Bienen, aber auch wir haben uns
nicht selbst erschaffen. Wir sollen immer wieder an das Geheimnis
unserer Herkunft denken. Deshalb versammeln wir uns sonntags
immer wieder an einem Ort, der sich dafür eignet: in der Kirche.

2. M.: Hier in der Kirche haben wir Gelegenheit, über das Geheimnis
nachzudenken: Wir sind nicht allein! Gott ist unser Vater und
unsere Mutter. Und in seinem Sohn sind wir erlöst.

(Leicht geändert nach der angegebenen Serie, 9. Sendung „Kirche")

Schlußgebet

Guter Gott. Du hast uns durch dein Wort und dein Brot gesättigt mit einer Speise, die uns heilen kann wie süßer Honig. Laß uns nun mit Freude und neuer Kraft an unseren Dienst in der Welt gehen. Darum bitten wir ...

Aktion

Jetzt verteilen die neuen Ministrantinnen und Ministranten an die Kinder kleine gefüllte Honigtöpfchen zur Erinnerung an diesen Gottesdienst.

Segen – Schlußlied

Nachtrag

In der Kirche St. Gereon in D-50126 Bergheim-Zieverich sind die Türen von außen und innen aus Holz so gearbeitet, daß sie wie Bienenwaben aussehen. In den Fenstern unmittelbar darüber sind anfliegende Bienen dargestellt. Deutung: Ihr, die ihr kommt, könnt euch jetzt vom Honig der Worte und der Speise Christi nähren. – Und beim Nachhausegehen: Lebt nun aus der Kraft dieser Speise! Der Architekt wollte das Gelobte Land, das von Milch und Honig fließt, in dieser Kirche andeuten.

Ich beschreibe dies, weil es Sie vielleicht anregen kann, bei einem Gottesdienst auch schon an den Türen Augenfälliges anzubringen.

12. Dienen mit Flügeln eines Schmetterlings
(Symbol Schmetterling)

Vorbereitungen

1. Auf einer großen Wand wurden entweder eine oder drei Sonnenblumenblüten gemalt.
2. Jede/r aufzunehmende MinistrantIn hat einen Schmetterling in geeigneter Größe gemalt oder ausgeschnitten und mit Regenbogenpapier beklebt. Auf dem Schmetterling kann sein/ihr Name stehen.

Vorbemerkung

Bei mehr als neun Ministranten (acht im Sprechspiel und eine/r bei der Geschichte) empfiehlt es sich, nach dem jeweiligen Dienst der Schellen, der Kerzenträger und des Heranbringens der Gaben die Mädchen und Jungen vorzustellen. Dann bringen diese ihre Schmetterlinge zur Sonnenblume, auf die sie geklebt oder gesteckt werden.

Hinweise
Siehe Seite 8.

Lied zu Beginn
Sonne der Gerechtigkeit, GL 644,1.–3. Strophe

Begrüßung – Hinführung
Gleich fliegen – symbolisch gesprochen – ... *(Anzahl)* lebendige Schmetterlinge auf die Sonnenblume im Altarraum: unsere neuen Ministrantinnen und Ministranten. Sie haben für ihre Aufnahmefeier das Symbol des Schmetterlings gewählt. (Im November wird so oft an den Tod und die Gräber erinnert; da tröstet uns dieses Zeichen der Auferstehung.)

Bußakt
Für alle, die sich manchmal mühsam wie Raupen auf ihrem Weg durch das Leben, den Glauben, die Trauer vorwärts bewegen, rufen wir zum barmherzigen Vater: Herr, erbarme dich! ...
Der allmächtige Gott erbarme sich unser. Er verzeihe uns alle Schuld und zeige uns den Weg ins ewige Leben.

Glorialied

Tagesgebet
Mächtiger Gott. Dein Sohn hat gesagt, du hast ein Herz für alle Menschen. So nimm alles von uns, was uns auf dem Weg zu dir aufhält. Und laß uns Flügel des Glaubens wachsen, damit wir über Zäune und Abgründe hinwegfliegen können. Darum bitten wir ...

Geschichte „Von Raupe und Schmetterling"
L = Lektor, M = Mädchen

L.: Der Vater war mit Monika auf dem Friedhof. Sie haben das Grab von Opa mit Blumen geschmückt. Nun sieht es aus wie ein kleiner Garten.

M.: Monika fragt auf dem Heimweg: „Wo ist denn Opa jetzt? Ist Opa im Grab, oder ist er bei Gott?"

L.: Der Vater überlegt, dann sagt er: „Bevor ich es dir erkläre, möchte ich dir eine Geschichte von einer Raupe und einem Schmetterling erzählen. Komm, wir setzen uns hier auf die Bank." Und der Vater erzählt: „Es war einmal ein kleines, grünliches Ei. Das lag in der Ritze eines Baumstammes. Aus diesem Ei schlüpfte eines Tages eine Raupe. Die Raupe kroch über die Baumrinde auf die Erde. Sie hatte großen Hunger und suchte etwas zu fressen. Unsere Raupe war braunschwarz und hatte auf dem Rücken einen gelben Streifen. Ihr Körper war mit vielen spitzen Stacheln besetzt. ‚Ganz geschickt', dachte die Raupe, ‚da kommt mir niemand zu nahe.' Unter dem Baum gab es Veilchenblätter, die schmeckten der Raupe vorzüglich. Überhaupt hatte die Raupe nur eines im Sinn: fressen, fressen und nochmals fressen. Außer den Veilchenblättern schmeckten ihr die Himbeerblätter besonders gut. Am Tag versteckte sie sich, aber nachts fraß sie um so mehr.

Eines Tages war die Raupe ganz groß und dick geworden. Da suchte sie sich eine geschützte Stelle an einem Ast. Sie spuckte nun sehr feine Fäden aus, band sich mit diesen Fäden selbst an dem Ast fest und wickelte sich rundum ein. Diese Hülle wurde hart und sah schließlich wie ein vertrocknetes eingerolltes Blatt aus. Man nennt diese Hülle Puppe. Aber was geschah doch Wunderbares in dieser Hülle!

Darin verwandelte sich nämlich die dicke, borstige Raupe in etwas Wunderschönes und Feines. Außen sah man nichts. Aber eines Tages im Frühling platzte die Hülle auf, und heraus kam ein zarter Schmetterling! Er war orangerot mit schwarzen Punkten und Strichen. Wenn der Schmetterling die Flügel faltete, hatten sie außen eine andere Farbe. Unser Schmetterling flog nun von einer Blüte zur anderen. Die leere Hülle aber blieb noch einige Zeit am Ast hängen, dann fiel sie ab."

M.: Monika rief: „Wie schön! So ist also aus der Raupe ein Schmetterling geworden!" Und sie raschelt mit den Füßen im Laub unter der Bank.

L.: Der Vater sagte: „Du hast gefragt, wie das mit dem Sterben ist. Vielleicht ist es ein bißchen wie mit der Raupe und dem Schmetterling. Wir Menschen leben. Eines Tages werden wir krank oder müde und alt und müssen sterben. Der tote Leib wird in die Erde gelegt. – Wie war das noch bei der Raupe?"

M.: Monika antwortete: „In der Puppe wurde aus der Raupe etwas ganz Neues, Schönes: ein Schmetterling."

L.: „Ja, und etwas Ähnliches geschieht mit uns, wenn der tote Leib im Grab liegt. Wir selber werden anders, neu, so daß wir bei Gott leben können."

M.: „Wie ist es also jetzt mit Opa?" fragte Monika.

L.: „Sein Leib liegt im Grab, in der Erde, ähnlich wie die leere Raupenhülle am Ast zurückblieb. Er selbst aber ist bei Gott. Er ist bei Gott so, wie wir ihn gekannt haben, mit allem, was wir an ihm liebgehabt haben. Aber er ist auch anders und neu, sonst könnte er nicht bei Gott leben."

(Leicht verändert nach Mechtild Theiss)

Zwischengesang

Evangelium nach Johannes
Einleitung: Wer einen Schmetterling festhalten will, zerstört ihn. Einmal wollte auch jemand Jesus festhalten, doch der rief sofort: „Halte mich nicht fest!" Wir hören die Stelle im Zusammenhang. –
Maria stand draußen vor dem Grab und weinte. Während sie weinte, beugte sie sich in die Grabkammer hinein. Da sah sie zwei Engel in weißen Gewändern sitzen, den einen dort, wo der Kopf, den anderen dort, wo die Füße des Leichnams Jesu gelegen hatten. Die Engel sagten zu ihr: Frau, warum weinst du? Sie antwortete ihnen: Man hat meinen Herrn weggenommen, und ich weiß nicht, wohin man ihn gelegt hat. Als sie das gesagt hatte, wandte sie sich um und sah Jesus dastehen, wußte aber nicht, daß es Jesus war. Jesus sagte zu ihr: Frau, warum weinst du? Wen suchst du? Sie meinte, es sei der Gärtner und sagte zu ihm: Herr, wenn du ihn weggebracht hast, sag mir, wohin du ihn gelegt hast. Dann will ich ihn holen. Jesus sagte zu ihr: Maria! Da wandte sie sich ihm zu und sagte auf hebräisch zu ihm: Rabbuni!, das heißt: Meister. Jesus sagte zu ihr: Halte mich nicht fest; denn ich bin noch nicht zum Vater hinaufgegangen. Geh aber zu meinen Brüdern, und sag ihnen: Ich gehe hinauf zu meinem Vater und zu eurem Vater, zu meinem Gott und zu eurem Gott. Maria von Magdala ging zu den Jüngern und verkündete ihnen: Ich habe den Herrn gesehen. Und sie richtete aus, was er ihr gesagt hatte (Joh 20,11–18).

Predigt als Sprechspiel

(Bevor die Kinder ihren Text von der Rückseite des Schmetterlings vorlesen, werden sie mit Namen und Straße etc. der Gemeinde vorgestellt, für die sie ja den Dienst ausüben. Es können zwischendurch auch noch andere Informationen und Intentionen vom Gottesdienstleiter eingefügt werden, zum Beispiel wer die Gruppe begleitet, wie viele Gruppen es in der Pfarrei gibt ... Allerdings sollte die „Predigt" nicht zu sehr unterbrochen werden.)

Gl.: Ein Teil unserer neuen Ministrantinnen und Ministranten hält uns jetzt die Predigt. Zuerst kommt N.N.

1. M.: Unter dem Symbol des Schmetterlings werden wir heute in die große Schar der Ministranten aufgenommen. – Einer, der an Gott glaubt, bekommt wie ein Schmetterling Flügel: Er kann im Leben viel leichter über alle Hindernisse hinwegfliegen. *(Schmetterling zur Sonnenblume bringen und aufstecken)*

2. M.: Die Sonnenblume, zu der wir fliegen, soll für Jesus Christus stehen. Er ist die Sonne Gottes. (Darum haben wir auch am Anfang gesungen: „Sonne der Gerechtigkeit!") – Als Schmetterlinge möchten wir bei ihm immer wieder landen, uns stärken und dann mit mehr Freude weiterfliegen. *(Schmetterling zur Sonnenblume bringen und aufstecken)*

3. M.: Unsere Gruppe besteht aus ... *(Anzahl)* Schmetterlingen. Zusammen mit den anderen Ministranten gibt es jetzt in unserer Pfarrei über ... *(Anzahl)* Jungen und Mädchen, die am Altar dienen oder vorbeten. *(Schmetterling zur Sonnenblume bringen und aufstecken)*

4. M.: Gemeinsam fällt vieles leichter! Eine Gruppe kann das mühselige Kriechen einer Raupe in einen leicht schwebenden Schmetterling verwandeln: Wenn Kritik mit Liebe gesagt wird; wenn wir gelobt werden; wenn wir uns für das Gebet, das Gespräch und die Spiele öffnen. *(Schmetterling zur Sonnenblume bringen und aufstecken)*

5. M.: Manchmal ist ein Gottesdienst für uns Kinder anstrengend. Das Mitfeiern fällt uns leichter, wenn wir darin eine Aufgabe übernehmen können: im Heranbringen der Gaben; im Tragen der Kerzen; beim Schellen oder Anreichen von Weihwasser und Weihrauchfaß. *(Schmetterling zur Sonnenblume bringen und aufstecken)*

6. M.: Der Schmetterling ist ein Symbol für die Auferstehung. Der Glaube an Jesus schenkt uns Flügel, um sogar den letzten Abgrund des Todes zu überwinden. Wir wissen in Leid und Not: Der Tod hat nicht das letzte Wort. Besonders wir Ministranten möchten mit diesem Vertrauen leben. *(Schmetterling zur Sonnenblume bringen und aufstecken)*

7. M.: Wir dürfen einen Schmetterling nicht anfassen oder festhalten, sonst zerstören wir ihn. So gibt es vieles im Leben, auf das wir nur staunend und dankend sehen können: die Liebe Gottes zu jedem Menschen; die Nähe Jesu in unserer Mitte; das Wunder des verwandelten Brotes auf dem Altar. – Wir Meßdiener möchten diese gute Nachricht weitersagen. *(Schmetterling zur Sonnenblume bringen und aufstecken)*

8. M.: Schmetterlingen drohen auch Gefahren: Regen und Sturm können sie vom Himmel holen. Damit wir nicht abstürzen, brauchen wir den Rückhalt der Eltern und Geschwister; außerdem die richtige Hand der erwachsenen und jugendlichen Begleiter unserer Gruppe; natürlich auch den guten Willen der anderen Ministranten. Dann macht uns die Aufgabe auf Jahre hinaus Freude. *(Schmetterling zur Sonnenblume bringen und aufstecken)*

Gl.: *(kann die Gedanken weiterführen, zum Beispiel Bezug auf das Evangelium und die Geschichte nehmen oder zusammenfassen; aber nach dem Grundsatz: In der Kürze liegt die Würze!)*

Glaubensbekenntnis
Siehe Anhang 2, Seite 117ff, oder ein Credolied.

Fürbitten
Gl.: Wir rufen zu *dem*, der uns mit offenen Armen erwartet:

1. M.: Für unsere neuen Ministranten und die ganze Ministrantenschar: Laß sie mit Begeisterung und Freude ihren Dienst an der Gemeinde verrichten. - *Liedruf*

2. M.: Für alle Eltern und Geschwister, Begleiterinnen und Begleiter: Schenke ihnen festes Vertrauen auf Gott und eine glückliche Hand. - *Liedruf*

1. M.: Für alle Kranken und Einsamen: Schicke ihnen Menschen, die etwas von deiner Liebe und Güte weiterschenken. - *Liedruf*

2. M.: Für uns selbst: Laß uns den Eifer der Kinder und Jugendlichen und die Mühen der Eltern und GruppenleiterInnen um die Erziehung zum Glauben unterstützen und schätzen. - *Liedruf*

Gl.: So loben und ehren wir dich, unseren Herrn und Gott, durch unseren Schöpfer und Erlöser Jesus Christus, der bei dir lebt und herrscht von Ewigkeit zu Ewigkeit. Amen.

Gabenlied

Gabengebet

Vater im Himmel! Dein Sohn hat uns durch seinen Tod und seine Auferstehung das Tor zum Leben geöffnet. In diesen Gaben von Brot und Wein nimm uns an in unserem Suchen und guten Willen. Laß uns aus ihnen eine Kraft erlangen, die uns Flügel des Glaubens wachsen läßt. Darum bitten wir ...

Meditation nach der Kommunion

1. M.: Wann werd ich aufstehn und meine Schalen zerbrechen?
Wann werd ich schlüpfen und meine Flügel ausbreiten?
Bald werd ich aufstehn und meine Schalen zerbrechen.
Bald werd ich schlüpfen und meine Flügel ausbreiten!

2. M.: Ich seh die junge Gemeinde: so viele lebende Tote,
so viele Müde und Schlaffe, so viel vertrocknete Träume.
Ist das Unmögliche möglich? Kann daraus Leben entstehen?

1. M.: Ich seh so viele Talente: Der kann dies, der kann das.
Der kann lächeln, der singen, der organisieren, der helfen.
Der versucht, anders zu leben; der lädt mich ein, mitzumachen.

2. M.: Es ist wie eine Lawine, wie ein Bazillus, der ansteckt.
Aus einem Friedhof wird Garten, aus dem Karfreitag wird Ostern.
Aus einem Traum entsteht Leben. -
Ich kann viel mehr, als ich meine.

1. M.: Wann werd ich aufstehn und meine Schalen zerbrechen?
Wann werd ich schlüpfen und meine Flügel ausbreiten?
Bald werd ich aufstehn und meine Schalen zerbrechen.
Bald werd ich schlüpfen und meine Flügel ausbreiten!

(Gruppe SOMA)

Schlußgebet
Guter Gott. In dieser Feier hast du uns gestärkt durch dein Wort, deine Speise und unser Zusammensein hier. Laß uns in dieser Kraft weitersehen als nur bis vor unsere Füße und unseren Weg zuversichtlich gehen – bis unser Herz dich gefunden hat; bis wir in deinem Reich wie Schmetterlinge einander umspielen. Darum bitten wir ...

Segen – Schlußlied

Teile verw. 21. 11. 1999

13. Wie ein Licht auf dem Leuchter
(Symbol Kerze/Leuchter)

Vorbereitung
Ein siebenarmiger Leuchter mit Kerzen ist aufgestellt. Notfalls genügen auch sieben einzelne Leuchter mit unterschiedlich großen Kerzen, die einen siebenarmigen Leuchter nachbilden. Außerdem sieben kleine Kerzen, die vom Licht der Altarkerzen her die sieben Kerzen am Leuchter entzünden.

Hinweise
Siehe Seite 8.

Lied zu Beginn

Begrüßung – Hinführung
Wir freuen uns, heute ... *(Anzahl)* Mädchen und Jungen der diesjährigen Kommunionkinder in die Ministrantenschar aufnehmen zu können. So wie immer viele Kerzen das Geschehen hier vorne hervorheben, so möchten diese Kinder als „lebendige Kerzen" im Dienst Jesu Christi leuchten. Gleich werden sie noch näher vorgestellt und auch das Symbol des Leuchters hier

vorne näher erklären. Zuerst aber möchten wir uns vor Gott besinnen und ihm sagen, daß wir nicht immer so geleuchtet haben, wie wir könnten.

Bußakt

1.: Es gibt Kerzen, die möchten ihren schönen Kerzenleib für sich behalten und sich nicht entzünden lassen. - Du aber willst, daß wir Licht und Wärme bringen.

Gl.: Herr, erbarme dich!

Alle: Herr, erbarme dich!

2.: Es gibt Kerzen, die verstecken ihre Leuchtkraft oder halten einen Topf darüber. - Du aber möchtest, daß die Welt heller wird.

Gl.: Christus, erbarme dich!

Alle: Christus, erbarme dich!

3.: Es gibt Kerzen, die haben den Docht verglimmen lassen oder rußen vor sich hin. - Du aber bist gekommen, um neu zu entzünden oder zu heilen.

Gl.: Herr, erbarme dich!

Alle: Herr, erbarme dich!

Gl.: Der gute Gott erbarme sich unser, er schenke uns neue Leuchtkraft auf dem Weg ins Reich des Lichtes.

Glorialied

Tagesgebet

Herr, unser Gott. Die Angst und der Zweifel schnüren manchmal unser Herz zusammen. So komm uns nahe mit deinem Licht, daß wir all unsere Dunkelheiten überwinden können - durch Christus, unseren Herrn.

Lesung aus dem Epheserbrief

Gl.: *(Einleitung:)* Bei der Taufe bekamen wir den Auftrag: „Wandelt als Kinder des Lichtes!" Was das bedeutet, lesen uns jetzt zwei Kinder aus dem Epheserbrief vor:

1. M.: Der Apostel Paulus schreibt in einem Brief an die Menschen der Stadt Ephesus: Liebe Schwestern und Brüder! Ihr lebtet einst in der Finsternis. Jetzt seid ihr aber in der Taufe durch Jesus Christus zum Licht geworden.

2. M.: Darum lebt als Kinder des Lichtes!
Dieses Licht bringt Güte hervor, Gerechtigkeit und Wahrheit.
1. M.: Prüft alles im Leben, ob es Jesus Christus gefällt.
Geht nicht unter in der Finsternis!
Flieht alles Gemeine und Heimliche.
2. M.: Nutzt die Zeit, Licht für diese Welt zu sein!
Und sagt Gott, dem Vater, jederzeit Dank für alles:
Im Namen Jesu Christi, unseres Herrn. (frei nach Eph 5,8-12.20)
Gl.: So lasset uns danken für Gottes Wort.
Alle: Dank sei Gott.

Zwischengesang

Evangelium nach Johannes
Einleitung: Das wahre Licht ist schon in die Welt gekommen. –
Der Apostel Johannes schreibt in seiner Frohen Botschaft von Jesus
Christus: „Und das Licht leuchtet in der Finsternis, und die Finsternis hat
es nicht erfaßt. Das wahre Licht, das jeden Menschen erleuchtet, kam in die
Welt. Er war in der Welt, und die Welt ist durch ihn geworden, aber die
Welt erkannte ihn nicht. Er kam in sein Eigentum, aber die Seinen nahmen
ihn nicht auf. Allen aber, die ihn aufnahmen, gab er Macht, Kinder Gottes
zu werden" (Joh 1,5.9-12).
Nachwort: Herr, durch diese Worte des Evangeliums laß uns als Kinder des
Lichtes leuchten!

Sprechspiel
Gl.: Wir haben wieder – Gott sei Dank – in dieser schwierigen Glaubens-
zeit neue Ministrantinnen und Ministranten gefunden, die für die
Gemeinde den Dienst am Altar verrichten möchten; die sich wie die
Kerzen auf den Leuchtern verzehren möchten, um anderen Menschen Freude und Festlichkeit zu schenken. Sie möchten sich jetzt
vorstellen.

1. M.: *(entzündet seine Kerze an einer Altarkerze)* Mit diesem Licht darf ich die
erste Kerze am siebenarmigen Leuchter entzünden. Wenn wir die
Leuchter mit den brennenden Kerzen herbeitragen, möchten wir das
Wichtigste der heiligen Messe hervorheben: das Wort Gottes im

Evangelium und das lebendige Brot in der Wandlung. *(entzündet die erste Kerze am siebenarmigen Leuchter)*

2. M.: *(entzündet ihre Kerze an einer Altarkerze)* Wir Ministranten möchten auch am Altar leuchten wie die Kerzen auf dem Leuchter. Wir möchten uns dabei an *dem* orientieren, der gesagt hat: „Ich bin das Licht der Welt. Wer mir nachfolgt, wird nicht in der Finsternis umhergehen, sondern wird das Licht des Lebens haben" (Joh 8,12). *(entzündet die zweite Kerze am Leuchter)*

3. M.: *(entzündet seine Kerze an einer Altarkerze)* Schon in der Taufe wurde unsere Taufkerze an der Osterkerze entzündet. Sie wurde stellvertretend für uns dem Taufpaten überreicht. Dazu sagte der Priester Jesu Wort aus der Bergpredigt: „Ihr seid das Licht der Welt" (Mt 5,14). – Jesus möge uns dabei helfen, wie ein Licht auf einem Leuchter zu brennen, damit wir die Welt etwas heller machen. *(entzündet die dritte Kerze am Leuchter)*

4. M.: *(entzündet ihre Kerze an einer Altarkerze)* Es kommt beim Leuchten zwar auf unser Licht an, aber der Leuchter hält uns dabei. Darum danken wir allen, die uns bisher gehalten haben: den Eltern und Paten, den Lehrerinnen, Lehrern und Priestern *(gegebenenfalls:* Diakon, Pastoral- und GemeindereferentInnen ...). Wir brauchen auch weiterhin ihre Hilfe. *(entzündet die vierte Kerze am Leuchter)*

5. M.: *(entzündet seine Kerze an einer Altarkerze)* Mit all den anderen Ministranten zusammen sind wir jetzt ... *(Anzahl einsetzen)* „Leuchter" am Altar. Wie toll sähe das aus, wenn wir wirklich hier Licht verbreiteten. Aber auch draußen in der Welt „Leuchten" sind! *(entzündet die fünfte Kerze am Leuchter)*

6. M.: *(entzündet ihre Kerze an einer Altarkerze)* Der siebenarmige Leuchter ist ein heiliges Symbol der Israeliten: Er brannte, von Mose auf das Geheiß Gottes angefertigt, inmitten des Tempels. Die Israeliten zeichneten sich aus in ihrem unerschütterlichen Vertrauen auf Gott, der Mose seinen Namen genannt hatte: „Ich bin überall für euch da." Diesem Gott und seinem Sohn Jesus Christus möchten auch wir trauen und uns ihm anvertrauen. *(entzündet die sechste Kerze am siebenarmigen Leuchter)*

7. M.: *(entzündet seine/ihre Kerze an einer Altarkerze)* Wenn wir einmal merken, daß uns als Christen ein kalter Wind ins Gesicht weht, dann hilf uns, daß unser Licht nicht verlöscht – damit die Menschen draußen an das Licht der Welt erinnert werden. *(entzündet die siebte Kerze am siebenarmigen Leuchter)*

(Der siebenarmige Leuchter im Alten Testament siehe Ex 25,31-40 oder 37,17-24)

Gl.: Wir freuen uns über eure Bereitschaft.

(Jetzt kann das Buchstabenspiel von Seite 114ff folgen. – Gl. kann auch noch kurz auf eine Aussage der Lesungen eingehen, obwohl sie im Sprechspiel aufgegriffen wurden.)

Glaubensbekenntnis
Siehe Anhang 2, Seite 117ff, oder ein Credolied.

Fürbitten *(auswählen)*

Gl.: Wir glauben, Herr, daß alle Finsternis der Welt gegen dein Licht machtlos ist. Darum bitten wir dich – und begleiten dabei die Fürbitten still mit unserem Gebet:

1. M.: Für alle, die spüren, daß ihr Licht des Glaubens und der Liebe zu verlöschen droht. – *Stille*

2. M.: Für alle, die in der Kirchenleitung oder der Kirche am Ort wieder die leuchtende Stadt auf dem Berge erkennen möchten. – *Stille*

1. M.: Für alle, die in den Dunkelheiten des Lebens das Licht suchen, an dem sie sich orientieren können. – *Stille*

2. M.: Für alle, die sich innerlich dunkel fühlen, weil sie zuviel Gemeinheit und Gleichgültigkeit umgibt, Neid und Ungerechtigkeit. – *Stille*

1. M.: Für alle, deren guter Wille in Krankheit und Not heruntergebrannt ist. – *Stille*

2. M.: Für diese Mädchen und Jungen, ihre Eltern und uns alle, die wir helfen möchten, die Welt heller zu machen. – *Stille*

1. M.: Für alle, die im Tod das ewige Licht suchen. – *Stille*

Gl.: Denn du möchtest doch, Herr, unser Gott, daß deine Schöpfung sich wohlfühlt. Darum bitten wir dich, der mit seinem Sohn und dem Heiligen Geist lebt und liebt bis in Ewigkeit.

Gabenlied

Gabengebet

Guter Gott. Durch diese Gaben von Brot und Wein auf dem Altar durchdringe all unsere Bosheit und unser Versagen, und richte uns wieder auf im Licht deiner Gnadengeschenke – durch Christus, unseren Herrn.

Präfation

Wir danken dir, Vater im Himmel, für deinen Sohn Jesus Christus. Sein Licht heilt die Wunden der ganzen Schöpfung und läßt uns hoffen auch in der Dunkelheit des Todes. Ihn hast du erweckt zu neuem Leben und auch uns diese Hoffnung gegeben. Darum singen wir dir zur Ehre mit allen Engeln und Heiligen:

Einleitung zum Vaterunser

Dein Licht führe uns in der Dunkelheit der Versuchungen. So laßt uns gemeinsam sprechen: Vater unser ...

Einleitung zum Friedensgruß

Wo Menschen sich in Eintracht zusammenfinden, leuchtet die Nähe Gottes auf. Darum gebt einander mit heiterem Herzen ein Zeichen, an dem jeder erkennen kann, daß wir gemeinsam unterwegs sind zum Berg der Herrlichkeit.

Meditation nach der Kommunion

Gl.: *(Einleitung:)* Es ist besser ein Licht anzuzünden, als über die Finsternis dieser Welt zu schimpfen. In Jesus Christus ist dieser Welt das entscheidende Licht aufgegangen. Wir hören davon und von jedem Licht, das von Menschen guten Willens ausgehen kann, in einer Symbolgeschichte:

M.: In einem Winkel der Welt kauerte verbissen, trotzig und freudlos eine dicke, schauerliche Finsternis. Plötzlich erschien in dieser Not ein kleines Licht; klein, aber ein Licht. Jemand hatte es hingestellt. Es war ganz einfach da und leuchtete.

Einer, der vorüberging, meinte: „Du ständest besser woanders als in diesem abgelegenen Winkel."

„Warum?" fragte das Licht. „Ich leuchte, weil ich Licht bin, und weil ich leuchte, bin ich Licht. Ich leuchte nicht, um gesehen zu werden, nein, ich leuchte, weil es mir Freude macht, Licht zu sein."

Aber die düstere Finsternis ging zähneknirschend und wütend gegen das Licht an. Und doch war die ganze große Finsternis machtlos gegen dieses winzige Licht.

(Nach Heinrich Lhotzky)

Schlußgebet

Mächtiger und barmherziger Gott. Gestärkt durch dein Wort und dein Brot und durch unser Zusammensein hier bitten wir dich: Laß uns und besonders die neuen Ministrantinnen und Ministranten in der Kraft dieser Speise unseren Weg in deinem Licht gehen, bis wir einmal in dein ewiges Licht eintauchen dürfen, der du mit deinem Sohn lebst und liebst in Ewigkeit.

Segen – Schlußlied

14. Dienen – unter dem Symbol des Regenbogens
(Symbol Regenbogen)

Vorbereitung

Die einzelnen Bögen des Regenbogens werden gezeichnet, bunt gemalt und auf kräftige Pappe geklebt. Die richtige Reihenfolge der Farben von außen nach innen: Rot, Orange, Gelb, Grün, helles Blau, dunkles Blau (Indigo), Lila. Jede/r MinistrantIn hält zunächst nach dem Vorlesen seinen Farbbogen in der Hand. Erst zum Schluß versuchen alle, den Regenbogen zusammenzufügen.

Wenn Ihnen der Weg nicht zu weit ist, können Sie unseren Regenbogen aus Sperrholz ausleihen. Anschrift siehe Seite 8.

Hinweise

Siehe Seite 8.

Lied zu Beginn

Begrüßung – Hinführung

Im Zeichen des Regenbogens dürfen wir heute ... *(Anzahl)* Mädchen und Jungen von den diesjährigen Kommunionkindern in den Dienst am Altar berufen. Der Eifer und die Begeisterung dieser Kinder – jedenfalls bis jetzt und hoffentlich noch lange – stehen wie ein bunter Bogen über unserer Pfarrei.

Bußakt

1.: Schon in der Taufe verband sich wie beim Regenbogen das Wasser mit der Sonne Jesus Christus, dem Licht für unsere Welt. – Wir aber beachten das oft nicht, was uns „Farbe" geben kann.

Gl.: Herr, erbarme dich!
Alle: Herr, erbarme dich!

2.: Der Regenbogen ist mit das schönste Wunder in Gottes herrlicher Schöpfung. – Wir aber sind manchmal blind für das, was er uns geschenkt hat.

Gl.: Christus, erbarme dich!
Alle: Christus, erbarme dich!

3.: Die Bibel sagt, daß der Regenbogen ein leuchtendes Zeichen dafür ist, daß Gott die Menschen liebt. – Wir aber kehren Gott und den Menschen manchmal den Rücken zu.

Gl.: Herr, erbarme dich!
Alle: Herr, erbarme dich!

Gl.: Der mächtige Gott erbarme sich unser. Er nehme die Herzen aus Stein aus unserer Brust und öffne uns die Augen für die Versöhnung mit ihm.

Glorialied

Tagesgebet

Herr, unser Gott. Es ist schön, mit dir und den Menschen verbunden zu leben. Der Regenbogen deiner Zuneigung stehe über unserer Gemeinschaft! Laß besonders diese Mädchen und Jungen deine lebendige und belebende Nähe spüren. Darum bitten wir durch Christus, unseren Herrn.

Lesung aus dem Buch Genesis

Als alle Menschen und Tiere aus der Arche ausgestiegen und Noach Gott ein Opfer dargebracht hatte, sprach Gott zu Noach: „Ich stelle meinen Bogen in die Wolken, er soll das Zeichen des Bundes sein zwischen mir und der Erde. Ballen sich Wolken über der Erde zusammen und erscheint der Regenbogen in den Wolken, dann gedenke ich meines Bundes: Er besteht zwischen mir und euch und allem, was auf der Erde lebt" (nach Gen 9,13-16).

Lied

Kurzgeschichte

Gl.: *(Einleitung:)* In einer lebendigen Ministrantengruppe wird es manchmal nötig sein, Brücken zu bauen zwischen Mädchen und Jungen, zwischen diesen und den Begleitern, zwischen Einzelkämpfern und der Gemeinschaft untereinander. Aber das ist eine gute Einübung für das, was in jeder Gemeinschaft, auch in der Gottesdienstgemeinschaft hier, wichtig ist. Wir hören dazu eine kurze Geschichte:

E. = Erzähler, K. = Kind, B. = Brückenbauer

E.: Ein Kind sagte zu einem alten Brückenbauer:

K.: „Du hast einen schönen Beruf. Es muß sehr schwer sein, Brücken zu bauen."

E.: Der alte Brückenbauer antwortete:

B.: „Wenn man es gelernt hat, ist es leicht, Brücken aus Beton und Stahl zu bauen. Die anderen Brücken sind viel schwieriger – die baue ich in meinen Träumen."

E.: Da fragte das Kind:

K.: „Welche anderen Brücken?"

E.: Der alte Brückenbauer sah das Kind nachdenklich an. Er wußte nicht, ob das Kind es verstehen würde. Dann sagte er:

B.: „Ich möchte eine Brücke bauen – von der Gegenwart in die Zukunft. Ich möchte eine Brücke bauen von einem zum anderen Menschen, von der Dunkelheit in das Licht, von der Traurigkeit zur Freude. Ich möchte eine Brücke bauen von der Zeit in die Ewigkeit, über alles Vergängliche hinweg."

E.: Das Kind hatte aufmerksam zugehört. Es hatte nicht alles verstanden, spürte aber, daß der alte Brückenbauer traurig war. Weil es ihn wieder froh machen wollte, sagte das Kind:

K.: „Ich schenke dir meine Brücke."

E.: Und das Kind malte für den Brückenbauer einen bunten Regenbogen.

(Anne Steinwart)

Zwischengesang

Evangelium nach Matthäus
Einleitung: Die Brücke zueinander, der Regenbogen der Versöhnung, gelingt, wenn wir bereit sind, einander zu verzeihen. –
Einmal trat Petrus zu Jesus und fragte ihn: „Herr, wie oft muß ich meinem Bruder und meiner Schwester vergeben, wenn sie sich gegen mich versündigt haben? Siebenmal?" Da sagte Jesus zu ihm: „Nicht siebenmal, sondern siebenundsiebzigmal" (Mt 18,21-22).

Sprechspiel
Gl.:   Im Sinnbild des Regenbogens, diesem wunderbaren Naturschauspiel, sagen uns jetzt die Jungen und Mädchen Wesentliches zu ihrem Dienst. Mal sehen, ob sie zum Schluß mit ihren Farben einen richtigen Regenbogen hier aufgehen lassen können.

1. M.: *(bringt den gelben Bogen. Der Text ist jeweils auf die Rückseite geklebt)* Das **Gelb** erinnert uns an die Sonne. Wenn ihr Licht sich in Wassertropfen bricht, leuchtet ein Regenbogen auf. Wir danken Gott dafür, daß wir Jesus Christus, der „Sonne der Gerechtigkeit", am Altar dienen dürfen. Er möchte, daß auch wir – so verschieden wir sind – in seinem Licht aufleuchten. *(mit Bogen zum Halbrund aufstellen)*

2. M.: *(bringt den roten Bogen)* **Rot** erinnert uns an die Farbe der Liebe. Sie kann sich zeigen in der Art, wie wir miteinander in der Gruppe umgehen. Das Rot kann uns aber auch an Tarzisius, den Patron der Ministranten, erinnern, der sein Blut für Jesus Christus hingab. Hoffentlich zeigen auch wir genug Rückgrat und bekennen draußen unseren Herrn und Meister. *(mit Bogen zum Halbkreis aufstellen)*

3. M.: *(bringt den grünen Bogen)* **Grün** ist die Farbe der Hoffnung. Wir hoffen auf schöne Erlebnisse in unserer Gruppe und darauf, daß wir lange zusammenhalten. Besonders dann, wenn wir merken, wieviel Gegenwind uns als Christen ins Gesicht bläst. *(mit Bogen zum Halbkreis aufstellen)*

4. M.: *(bringt das hellere Blau)* Die Farbe **Blau** steht für Treue. – Wir möchten unserem Freund Jesus Christus die Treue halten – über die erste Begeisterung hinaus. Wir bitten unsere Eltern und Geschwister, aber auch die älteren Ministrantinnen und Ministranten, uns dabei zu helfen. *(mit Bogen zum Halbkreis aufstellen)*

5. M.: *(bringt den orangefarbenen Bogen)* **Orange** ist die Farbe der Vorfreude. Wir haben uns ... *(Anzahl)* Monate auf diesen Dienst vorbereitet. Möge uns die Freude am Gottesdienst und an unserem Dienst am Altar lange beflügeln. *(mit Bogen zum Halbkreis aufstellen)*

6. M.: *(bringt das dunklere Blau)* Dieses **dunklere Blau** steht für Vertrauen auf unseren Freund Jesus Christus. Wenn wir uns an ihn halten, brauchen wir uns vor nichts zu fürchten, denn er kann uns auch über den letzten Abgrund des Todes geleiten. *(mit Bogen zum Halbkreis aufstellen)*

7. M.: *(bringt den violetten Bogen)* Die Farbe **Violett** erinnert uns an die Advents- und Fastenzeit, an Umkehr und Beichte. Wer sich der Sonne Gottes zuwendet, läßt die Schatten des Bösen und der Schuld hinter sich. Das bleibt eine lebenslange Aufgabe, die mit der Taufe begonnen hat. *(mit Bogen zum Halbkreis aufstellen)*

8. M.: Die sieben Farben des Regenbogens erinnern an den Bund zwischen Gott und den Menschen: Der Regenbogen ist das Zeichen der Versöhnung zwischen Himmel und Erde. Wer sich unter diesen leuchtenden Bogen stellt, bringt die Bereitschaft zum Versöhnen und Verzeihen mit, damit das Miteinander gelingt.

9. M.: Den Neuen Bund mit Gott hat Jesus Christus geschlossen. In jeder heiligen Messe feiern wir den Neuen Bund in seinem Blut. Wir freuen uns, in unserem Dienst diesem Geheimnis so nahe zu sein. Besonders, wenn wir Jesus Christus hier im lebendigen Brot (und im Wein) empfangen dürfen.

Gl.: *(zu den SprecherInnen)* Versucht nun, diesen wunderbaren Bogen in der richtigen Reihenfolge der Farben zu zeigen! (Ist gar nicht so einfach; muß vorher geübt sein!)
Oder: Versucht nun, die Farbbögen ins Sperrholzmodell einzufügen. *(Das kann aber auch schon nach jedem entsprechenden Sprechtext geschehen.)*

Kurzpredigt

Der Regenbogen ist ein Symbol, das in vielen alten wie auch modernen Kirchen dargestellt ist: Jesus, der wiederkommende Richter, sitzt dabei oft auf einem Regenbogen und thront mit den Füßen auf der Erdkugel, die ihm als Schemel dient – wie es beim Propheten Jesaja heißt: „Der Himmel ist mein Thron und die Erde der Schemel für meine Füße, spricht der Herr" (Jes 66,1). Wir brauchen vor einer neuen Sintflut von Sünde und Schuld der Menschen, wie sie sich heute wieder andeutet, keine grundsätzliche Angst zu haben, wenn wir uns an Jesus halten.

Auf diesen Jesus, liebe Mädchen und Jungen, laßt ihr euch in eurem Dienst am Altar ein; und auf Gott, auf den Schöpfer der Welt, der manchmal traurig hinsieht auf das, was er unserer Verantwortung übergeben hat. Deshalb ist euer Engagement nicht nur hier im Gotteshaus gefragt. Gott möchte euch auch aktiv sehen, wenn es gilt, unsere ausgebeutete Welt zu retten, damit alle Menschen Zukunft haben.

Oder
auf weitere Kurzgeschichten aus „Kurzg. 1" eingehen, die das Symbol „Regenbogen" entfalten:
Nr. 115: Ein Mädchen, das sich engagierte, könnte „Regenbogenmädchen" genannt werden.
Nr. 124: Ein „Regenbogen" gegenseitiger Liebe zwischen zwei Brüdern.
Nr. 165: Zwei Eisblöcke schmelzen, bis ein „Regenbogen" (so jetzt hier interpretiert!) als Brücke zwischen ihnen steht; also das Thema „Versöhnung" wird hier wieder aufgegriffen.

Glaubensbekenntnis
Siehe Anhang 2, Seite 117ff, oder ein Credolied.

Fürbitten
Gl.: Ewiger Gott. Du willst, daß alle Menschen im Regenbogen deines Bundes glücklich werden. Wir rufen dich an:

1. M.: Für alle christlichen Kirchen und Weltreligionen: Laß den Regenbogen der Versöhnung immer wieder zwischen diesen Gemeinschaften aufleuchten. - *Liedruf*

2. M.: Für alle christlichen Gemeinschaften und unsere Familien, Nachbarschaft und Verwandtschaft: Hilf ihnen, immer wieder einander zu verzeihen, wenn etwas schiefgelaufen ist. - *Liedruf*

1. M.: Für alle armen Völker und für die Familien, die auch bei uns an der Armutsgrenze leben: Bewege die Herzen, besonders der Christen, Brücken der Gerechtigkeit und der Liebe zu schlagen. - *Liedruf*

2. M.: Die Farben des Regenbogens können schnell verblassen. Hilf diesen Mädchen und Jungen und allen Ministranten, die Begeisterung für den Dienst am Altar zu erhalten. Und laß uns dabei helfen. - *Liedruf*

1. M.: Für uns selbst, die wir als Volk Gottes des Neuen Bundes mit Gott leben dürfen: Laß uns mit unserem Leben dich loben und preisen.

Gl.: Denn dann verherrlichen wir dich und deinen Sohn, Schöpfer und Erlöser der Menschen, die leben und lieben bis in Ewigkeit.

Gabenlied

Gabengebet

Ewiger Gott. Die Gaben von Brot und Wein auf dem Altar sind Zeichen des Bundes und der Verbundenheit mit dir – wie der Regenbogen. Nimm uns in diesen Gaben an, und verwandle auch uns zu leuchtenden Zeichen der Treue und des Friedens – durch Christus, unseren Herrn.

Präfation

Ja, wir danken dir für die immer noch schöne Welt, in der wir leben dürfen. Wir danken dir besonders für Jesus Christus, der den Bund mit dir erneuert und uns gesagt hat, daß du uns liebst und immer ein Herz für uns haben wirst. Darum rufen wir mit allen Engeln und Heiligen, aber auch mit allem, was auf der Erde lebt: Heilig ...

Einleitung zum Vaterunser

„Vergib uns unsere Schuld, wie auch wir vergeben unseren Schuldnern", so beten wir immer wieder im kostbaren Vermächtnis unseres Herrn. Der Stromkreis seiner Liebe kann also nur fließen, wenn wir seine Vergebung im Verzeihen weitergeben. So sprechen wir: Vater unser ...

Einleitung zum Friedensgruß

Im letzten Augenblick vor dem Empfang der Kommunion, die uns ganz innig mit Jesus verbinden will, werden wir aufgefordert, den Regenbogen des Bundes mit Gott auch nach rechts und links zu verteilen. So gebt einander ein Zeichen des Friedens, bei dem unsere Hände zu Brücken werden.

Meditation nach der Kommunion

1. M.: Wir hier können Gottes Regenbogen sein:
    Wenn wir wissen, daß uns das Wesentliche
    von Gott gegeben ist, der uns hält und trägt.
    Dann leuchtet das Blau seiner Treue
    mitten in unserem Vertrauen in die Welt hinein.

2. M.: Wir können Gottes Regenbogen sein:
    Wenn wir miteinander feiern
    und uns an Gottes Wort erfreuen.
    Dann leuchtet die gelbe Farbe der Sonne Gottes
    über unserem Miteinander.

1. M.: Wir können Gottes Regenbogen sein:
    Wenn wir uns so annehmen, wie wir sind,
    und da helfen, wo jemand uns braucht.
    Dann scheint durch uns hindurch
    das Rot der Liebe Gottes.

2. M.: Wir können Gottes Regenbogen sein:
    Wenn wir Gottes Schöpfung behüten und erneuern.
    Dann leuchtet die grüne Farbe der Hoffnung
    auch für die kommenden Generationen.

1. M.: Wir können Gottes Regenbogen sein:
    Wenn wir einander die Schuld vergeben
    und Verzeihung hinaustragen.
    Dann leuchtet ein Violett
    wie beim Abendglühn über unserer Welt.

(Nach einer Idee von Gerhard Eberts)

Schlußgebet

Herr, unser Gott. Unter dem Regenbogen deines Bundes zwischen Himmel und Erde haben wir das gefeiert, was du uns ans Herz gelegt hast. Laß uns jetzt etwas davon in unsere oft zerrissene Welt tragen, damit Menschen, Tiere und die Natur aufatmen können. Darum bitten wir durch Christus, unseren Herrn.

Segen – Schlußlied

15. Dem Herrn und einander in Liebe dienen
(Symbol Rose)

Vorbereitung

Eine gemalte Rose mit Blättern und Dornen wird zur Predigt als achtteiliges Puzzle gelegt.
Wenn Ihnen der Weg nach Bergheim im Großraum Köln nicht zu weit ist, können Sie es – aus Sperrholz gesägt – bei mir ausleihen. Meine Anschrift: Siehe Seite 8.

Hinweise
Siehe Seite 8.

Lied zu Beginn

Begrüßung – Hinführung
Wir freuen uns heute, daß sich ... *(Anzahl)* der diesjährigen Kommunionkinder begeistern ließen, in unserer Pfarrei als Ministrantinnen und Ministranten mitzumachen. Wir feiern diesen Gottesdienst der Aufnahme im Zeichen der Rose, im Sinnbild der Liebe.

Bußakt
Weil manche Menschen mehr die Dornen als den Duft und die Schönheit der Rose, der Liebe, zu spüren bekommen und deshalb nicht mehr an die Liebe glauben können, rufen wir: Herr, erbarme dich! ...
Der mächtige Gott erbarme sich unser. Er verzeihe uns, daß wir gegen die Liebe gesündigt haben – auch durch Unterlassung. Er schenke uns einen Neubeginn, und helfe uns auf dem Weg zu mehr Leben.

Glorialied

Tagesgebet
Du Gott der Liebe! In deinem Sohn hast du uns gezeigt, was die Liebe möglich macht. So bereite jetzt unser Herz darauf vor, deiner Liebe zu begegnen. Darum bitten wir durch Christus, unseren Herrn.

Lesung
Gl.: *(Einleitung:)* Zwei der neuen Ministranten tragen uns die Lesung vor. Wir hören wichtige Sätze über die Liebe.
1. M.: Der Apostel Johannes schreibt: Liebe Schwestern und Brüder! Wir wollen einander lieben. Denn die Liebe ist aus Gott. Und jeder, der liebt, erkennt Gott.
2. M.: Wer nicht liebt, kann auch Gott nicht erkennen. Denn Gott ist die Liebe.
1. M.: Die Liebe Gottes zeigte sich ganz deutlich, als er seinen einzigen Sohn in unsere Welt gesandt hat, damit wir durch ihn leben.
2. M.: Nicht darin besteht die Liebe, daß wir Gott geliebt haben, sondern darin, daß er uns geliebt und seinen Sohn gesandt hat.
1. M.: Wenn Gott uns so geliebt hat, müssen auch wir einander lieben. (1 Joh 4,7-11; leicht verkürzt)
2. M.: Lasset uns danken für Gottes Wort.

Zwischengesang

Evangelium nach Johannes
Einleitung: Rosen schenken heißt Liebe versprechen. –
Einmal sagte Jesus, und er sagt es jetzt zu uns: „Das ist mein Gebot: Liebt einander, so wie ich euch geliebt habe. (Es gibt keine größere Liebe, als wenn einer sein Leben für seine Freunde hingibt.) Ihr seid meine Freunde, wenn ihr tut, was ich euch auftrage!
Nicht ihr habt mich erwählt, sondern ich habe euch erwählt und dazu bestimmt, daß ihr euch aufmacht und Frucht bringt und daß eure Frucht bleibt. Dies trage ich euch auf: Liebt einander!" (Joh 15,12-14.16a.17)
Oder: Joh 15,5-12 (Weinstock-Reben).

Predigt als Sprechspiel

Gl.: Einige der neuen Ministranten bringen jetzt jeweils das Puzzlestück einer Rose. Sie erzählen uns dabei einiges über sich und ihre Gruppe und über die Liebe. Und ich stelle sie Ihnen vor.
(Also Namen, Straße, Hausnummer und Ortsteil usw. einfügen; eventuell auch, ob schon Geschwister unter der Ministrantenschar sind ...)

1. M.: Eine Rose strahlt Schönheit und Zärtlichkeit aus, Sonne und Wärme. Darum wird sie das Symbol der Liebe genannt. - Am Fest unserer Erstkommunion haben wir viel Liebe erfahren. Es war schön, dieses Fest: mit Jesus, der Familie und der Pfarrgemeinde. Auch weil wir uns für den Ministrantendienst gemeldet haben, kann dieses Fest weitergehen.

2. M.: Auf die Liebe kommt es auch in unserer Gruppe an. Bis jetzt war alles noch sehr schön. Wir wissen aber, eine Rose hat auch Dornen. Irgendwann wird uns sicherlich etwas enttäuschen. Aber wir wollen uns an Jesus halten, der auch noch Liebe zeigte, als alles sehr weh tat.

3. M.: Die Rose hat grüne Blätter. Sie sind Zeichen der Hoffnung, daß die Liebe immer stärker ist. Denn es kommt ja die Zeit, wo wir noch mehr wachsen und selbständiger werden. Alles wird dann schwierig, auch das Lieben und Vertrauen. Wir hoffen, daß die Liebe zueinander bleibt.

4. M.: Einmal fragten christliche Missionare den Inder Gandhi: „Was müssen wir tun, um Hindus zu Christen zu machen?" Da antwortete er: „Denken Sie an das Geheimnis der Rose. Alle mögen sie, weil sie duftet. Also duftet bitte, ihr Christen!" -
Der Duft, den eine Rose ausströmen kann, ist betörend. Er kann einen ganzen Raum erfüllen. So sollten wir als Christen eigentlich wie eine Rose duften und anziehend sein.

5. M.: Unter der Blüte hat die Rose fünf Kelchblätter. Sie bleiben, auch wenn die Rose verblüht ist oder eine Zeitlang starker Frost herrscht. - Diese Kelchblätter weisen auf die Treue hin: Wir möchten unseren Dienst am Altar treu und zuverlässig erfüllen. Auch wenn die Sportschau oder ein schöner Kinofilm lockt.

6. M.: Es gibt Augenblicke, da ist eine Rose wichtiger als Brot. - Es ist wie in der Geschichte mit dem Dichter Rilke in Paris: Er legte einer Bettlerin kein Geld in die Hand, sondern eine Rose. Eine Woche lang wurde die Bettlerin nicht mehr gesehn: Sie zehrte die ganze Woche von dieser aufmerksamen Liebe.
So wünschen wir uns untereinander und von den jugendlichen sowie erwachsenen Begleitern das richtige Wort, das uns aufrichtet, wenn wir manchmal traurig sind oder etwas falsch gemacht haben.

7. M.: Seit der Taufe sind wir auf den Rosenstrauch aufgepfropft. Wir dürfen ihn Jesus Christus nennen. Wenn wir sein Wort und sein Brot wirklich in uns aufnehmen, dann bleiben wir mit ihm verbunden. Dann können wir noch ganz anders blühen und duften. Dann werden wir auch damit fertig, wenn wir an der Kirche Fehler entdecken. Denn Jesus hat den Dienst in die Hände von Menschen gelegt, die schwach sind und sündigen können.

8. M.: In Domen und Kathedralen gibt es zur Westseite das sogenannte „Rosenfenster". Die Form des Kreises soll auf das Weltall hinweisen. In der Mitte dieses Fensters ist der wiederkommende Christus dargestellt oder Jesus Christus mit seiner Mutter Maria. -
In den vielen Gottesdiensten und manchmal auch in den Ministrantenstunden halten wir Ausschau nach dem, was noch kommt. Wir freuen uns, wenn wir möglichst lange gemeinsam unterwegs sind zum Ziel unseres Lebens.

Pr.: *(Hier kann noch kurz auf Lesung und Evangelium eingegangen werden:)* In der Lesung hieß es: Gott hat uns zuerst geliebt. Wir brauchen nicht die Leistung der Liebe erbringen, sondern „nur" eine Antwort auf Gottes Liebe zu geben.
Im Evangelium hieß es: Gott hat *uns* erwählt, nicht wir ihn. - Es ist letztlich ein Geschenk, daß ihr euch für den Ministrantendienst berufen fühlt, auch wenn die Eltern eine Menge dazu beigetragen haben. Bleibt dieser Berufung möglichst lange treu!

Glaubensbekenntnis
Siehe Anhang 2, Seite 117ff, oder ein Credolied.

Fürbitten

Gl.: Mächtiger Gott. Wir vertrauen auf deine Hilfe. Darum rufen wir:

1. M.: So viele Menschen, die an die Liebe geglaubt haben, ringen mit Enttäuschung. Laß sie wieder neu die Liebe wagen! - *Liedruf*
2. M.: (jugendl. BegleiterIn) Hilf den Christen, deine Liebe weiterzugeben und wie Rosen zu duften: damit sie wieder anziehender wirken. - *Liedruf*
1. M.: Laß die neuen Ministrantinnen und Ministranten auf dem Weg zu einem verantwortungsbewußten christlichen Leben nicht zu viele Dornen zu spüren bekommen. - *Liedruf*
2. M.: (erwachsene/r BegleiterIn) Segne unser Begleiten, und schenke uns dabei Einsicht, Geduld, Weisheit, Gerechtigkeit und Güte. - *Liedruf*

Gl.: Denn du, guter Gott, möchtest, daß alle Menschen glücklich sind. Darum rufen wir zu dir durch Christus, unseren Herrn.

Gabenlied

Gabengebet

Herr, unser Gott. Wie Brot und Wein auf dem Altar bereit sind, sich verwandeln zu lassen, so ergreife auch unsere Herzen mit deiner Liebe und verwandle sie. Darum bitten wir durch Christus, unseren Herrn.

Präfation

Ja, es ist richtig, daß wir dir danken. Vor allem für deinen Sohn Jesus Christus. Denn er liebte die Menschen noch, als er Dornen zu spüren bekam: die Dornen des Neides, der Feigheit und des Verrates. Darum singen wir - zum Dank und als Lob - mit allen Engeln und Heiligen: ...

Nach der Wandlung

1. M.: Wir erinnern uns jetzt daran: Auch Jesus bekam in seinem Leiden die Dornen der Rose zu spüren. Er trug die Dornenkrone und wurde von Nägeln und Lanze durchbohrt.

2. M.: Das alles ließ er zu, weil er die Menschen liebte. Seine Liebe bis in den Tod öffnete uns die Tore zu einem neuen Leben.

1. M.: Mit seiner Hilfe können auch wir die Dornen der Welt überwinden. Unfrieden und Ungerechtigkeit, Leid und Tod haben nicht das letzte Wort.

2. M.: In Jesus Christus erkennen wir, daß trotz Dornen Rosen wachsen können. Der Duft dieser Rosen weckt in uns die Sehnsucht nach einem neuen Leben in Herrlichkeit. Hier möchten wir auch alle wiedersehen, die uns vorausgegangen sind.

Vaterunser
Wir rufen zu dem, der die Liebe ist: Vater unser ...

Meditation nach der Kommunion
1. M.: Wir Ministrantinnen und Ministranten vertreten am Altar alle, die sich hier in dieser Kirche versammeln. Wenn wir bei der heiligen Messe oder in einer Andacht dem Priester helfen, dienen wir eigentlich Jesus Christus selbst.

2. M.: Wir möchten in diesem Dienst zuverlässig und pünktlich sein, aufmerksam und hilfsbereit. Wir möchten aber auch draußen einander Kameradschaft erweisen. Die Gemeinschaft unserer Gruppe soll uns mehr am Herzen liegen als unsere persönlichen Wünsche.

1. M.: Wir versprechen also Liebe zu Jesus und einer Gruppe, die sich an Jesus ausrichtet. Aus solchen kleinen Gruppen wächst die große Gemeinschaft, die sich hier immer wieder um den Altar versammelt.

2. M.: Ich bin nicht immer eine/r, die/der so dienen und lieben kann. Auch du bist nicht immer so. Aber mit Jesu Hilfe kann es uns gelingen.

Schlußgebet
Herr, wir danken dir für diese Feier, in der wir wieder deiner Liebe begegnen durften. Laß uns von ihr durchglüht werden, damit Laschheit und Gleichgültigkeit von uns fernbleiben. Ja, laß uns anziehend wie Rosen sein. Darum bitten wir durch Christus, unseren Herrn.

Segen – Schlußlied

ANHANG

1. Buchstabenspiel zum Wort „Ministranten"

Alle MinistrantInnen haben ihren Buchstaben groß und bunt auf Pappe aufgemalt.
Sie treten aber nicht in unten angegebener Reihenfolge auf, damit bis zum Schluß
das Rätsel um das gesuchte Wort erhalten bleibt.

Gl.:   Unsere neuen Ministrantinnen und Ministranten möchten sich in einem Ratespiel mit Buchstaben vorstellen. (Wer das Wort aus zwölf Buchstaben – ja, wie die zwölf Jünger! – erraten hat, darf die Hand heben. Kleiner Preis?)

M   Ich bringe das M. Denn das **M**esse-Dienen ist unsere Hauptaufgabe. Es könnte aber auch der erste Buchstabe des Wortes **M**ut sein. Denn den brauchen wir, um manchmal gegen den Strom der Zeit und den sogenannten „Mister Trend" zu schwimmen. *(stellt sich zum Halbkreis auf)*

I   Mein I soll sagen: Wir Ministranten müssen **i**mmer zuverlässig und pünktlich sein! *(stellt sich zum Halbkreis auf)*

N   Mein N steht für das Wörtchen „**N**achdenken". Wir möchten uns nicht vom Konsum zuschütten lassen, sondern über Gott und die Welt nachdenken, damit unser Leben gelingen kann. *(stellt sich zum Halbkreis auf)*

I   Ich bringe wieder ein I. Ich möchte **I**nteresse zeigen für die Sache Jesu Christi. Oder wie ein **I**ndianer sein: Immer auf Spurensuche nach dem, was weiterbringt. *(stellt sich zum Halbkreis auf)*

S   Mein S soll ans **S**ternsingen erinnern. Wir Ministranten gehen dann von Tür zu Tür, sammeln für Kinder in Not und helfen, damit Probleme der Welt ein ganz klein wenig geringer werden. Die Liebe zum Nächsten ist die *eine* Hälfte des Hauptgebotes. *(stellt sich zum Halbkreis auf)*

T   Mein T steht für Treue. Mein heutiges Ja zum Dienst an Jesus Christus soll morgen nicht schon vergessen sein. Dabei brauchen wir Ministranten eure Hilfe, eure Ermunterung und euer Gebet und besonders die Begleitung unserer Eltern, der Gruppenleiterinnen und -leiter. *(stellt sich zum Halbkreis auf)*

R   R wie dem Ruf Gottes folgen. Es gibt heute so viele laute Stimmen, die uns locken. Herr, schenke uns ein Gespür für das Leise und die Stille, um deine Stimme nicht zu überhören! *(stellt sich zum Halbkreis auf)*

A   Ich bringe das A, das an den Altar in der Kirche erinnert. Hier verrichten wir unseren Dienst. Hier berührt der Himmel die Erde, wenn Jesus uns im lebendigen Brot begegnet. *(stellt sich zum Halbkreis auf)*

N   Mein N steht für das Wort „Niederlage": Sie einzustecken, müssen wir lernen. Wir wissen um einen Freund, der uns so annimmt wie wir sind. Darum brauchen wir den Mut nicht zu verlieren. *(stellt sich zum Halbkreis auf)*

T   T wie Tarzisius. Der Patron aller Ministranten stand zu Jesus bis in den Tod. Auch wir möchten Rückgrat zeigen, wenn uns als Christen der Wind ins Gesicht bläst; wenn es auf unser Zeugnis für Jesus ankommt. *(stellt sich zum Halbkreis auf)*

E   Mein E erinnert an das Wort „Einsatz". Wenn Not am Mann ist, wenn einer mich anruft, ob ich ihn am Altar vertreten kann, dann will ich keine faulen Ausreden suchen. *(stellt sich zum Halbkreis auf)*

N   N - wie niemanden in der Gruppe ausschließen - und wenn er noch so anders ist. Damit es auch in Zukunft ein gutes Miteinander wird. *(stellt sich zum Halbkreis auf)*

Gl.:   Wer stellt die Ministranten jetzt so auf, daß das gesuchte Wort zu sehen ist? ...
Im Namen der Pfarrgemeinde übertrage ich euch den Dienst am Altar und wichtige Aufgaben bei der Feier der Gottesdienste. Seid ihr bereit, diesen Dienst nach besten Kräften zu erfüllen?

Alle Ministranten: Ja, wir sind bereit!

Ein PGR-Mitglied: Aus der Mitte der Pfarrgemeinde seid ihr berufen als unsere Stellvertreter. Wir freuen uns darüber, daß ihr bereit seid. Übt euren Dienst so aus, daß wir miteinander schöne und frohe Gottesdienste feiern können.

(Jetzt eventuell Kreuze oder Ausweise übergeben.)

(Zum Teil nach Liturgiekreis Familiengottesdienst Pallottihaus, D-47462 Olpe, und Kinder-Gottesdienst-Gemeinde, Diözese A-4020 Linz, 11/95, S. 7)

2. Glaubensbekenntnisse

Im folgenden finden Sie einige Glaubensbekenntnisse, die auf das Alter der aufzunehmenden Ministranten zugeschnitten sind. Sie können auch in Schulmessen der Grundschule eingesetzt werden.

❶

1. M.: Unser Vater im Himmel. Du bist immer bei mir.
Du kennst meinen Namen.
Auch wenn ich böse bin, behältst du mich lieb.

2. M: Jesus Christus! Du willst mir ein guter Freund sein.
Du zeigst mir den guten Weg.
Dein Wort hilft mir, mich nicht zu verirren.

1. M.: Gottes guter Geist! Du willst in mir wohnen.
Du willst die Angst aus mir vertreiben.
Du bleibst bei mir, wenn alle mich allein lassen.

2. M.: So komm, Gott Vater, Sohn und Heiliger Geist!
Bleib bei mir, solange ich lebe.
Und im Tod hole mich ganz zu dir.

❷

1. M.: Gott ist zu uns wie ein guter Vater oder eine gute Mutter.
Er hat alles gut erschaffen:
die Berge und das Meer; die Pflanzen und die Tiere;
die Menschen und die Engel.

2. M.: Gottes Sohn ist zu mir wie ein lieber Freund.
Er steht an meiner Seite wie ein guter Bruder.
Er ging für mich in den Tod und für alle Menschen –
ob schwarz, rot, gelb, braun oder weiß.

1. M.: Gottes heiliger Atem tröstet die Traurigen;
macht denen Mut, die Angst haben.
Er erfüllt unsere Herzen mit Frieden.

2. M.: Darauf möchte ich vertrauen.
Hilf, daß wir alle das glauben können.
Amen. So sei es!

❸

1. M.: Manche sagen: Ich glaube an nichts.
Das mit Gott bilden sich nur viele ein.
2. M.: Aber viele haben erfahren:
Gott ist wie ein liebender Vater
oder wie eine liebende Mutter.
Gott will das Gute für alle Menschen. –
Ich möchte an Gott glauben, der die Liebe ist.

1. M.: Manche sagen: Ich glaube an nichts.
Das mit Jesus ist nur ein frommes Märchen.
2. M.: Aber viele haben erfahren:
Jesus ist wie ein guter Freund.
Er ist unsichtbar an meiner Seite.
Auf ihn kann ich bauen. –
Ich möchte an Jesus glauben, der mit mir geht.

1. M.: Manche sagen: Ich glaube an nichts.
Das mit Gottes gutem Geist hat sich einer ausgedacht.
2. M.: Aber viele haben erfahren:
Der gute Geist Gottes tröstet mich.
Er versöhnt Menschen wieder miteinander.
Er wird das letzte Wort haben. –
Ich möchte an den Heiligen Geist glauben,
der mich heilen kann.

❹

1. M.: Wir glauben an Gott.
   Er hat den Himmel und die Erde gemacht.
   Er liebt *alle* Menschen.

2. M.: Wir glauben an Jesus, seinen Sohn.
   Er hat vielen Menschen geholfen –
   auch denen, die Schlechtes taten.
   Trotzdem hat man ihn getötet.
   Aber Jesus war stärker als der Tod.

1. M.: Wir glauben an Gottes guten Geist.
   Er will uns den richtigen Weg führen.
   Er hilft uns, das Böse zu bekämpfen.
   Er tröstet uns und heilt unsere Wunden.

2. M.: Wir glauben, daß mit dem Tod nicht alles aus ist.
   Nach dem Tod beginnt erst das richtige Leben.
   Dann braucht keiner mehr zu weinen.
   Dann sind alle Menschen glücklich.

❺

1. M.: Wir glauben an dich, Vater im Himmel.
   Du willst, daß *alle* Menschen glücklich sind.

2. M.: Wir glauben an dich, Jesus Christus.
   Du hast am Kreuz viele Schmerzen und Angst gehabt.
   Aber du hast dabei auf deinen Vater vertraut.
   Du bist aus dem Tod auferstanden.

1. M.: Wir glauben an dich, Heiliger Geist.
   Du kannst die Traurigen wieder froh machen.
   Du hilfst uns, das Böse durch das Gute zu überwinden.

2. M.: Wir glauben an die Gemeinschaft in der Kirche.
   Sie will uns helfen auf dem Weg zu Gott.
   Trotz ihrer Fehler lieben wir sie, weil Jesus der Herr ist.

❻

1. M.: Wir glauben an Gott.
Aus seiner Liebe entspringt alles, was lebt.
Wo diese Liebe fehlt, zerfällt die Welt.

2. M.: Dieser Gott hat seinen Sohn in unsere Welt gesandt.
Wir glauben an Jesus Christus, den Sohn Gottes.
Er ist für alle Menschen am Kreuz gestorben.

1. M.: Gott und Jesus haben uns nicht allein gelassen.
Wir glauben an Gottes guten Geist.
Er will uns zu heilen Menschen machen.

2. M.: Wir glauben an die Gemeinschaft in der Kirche.
In ihr können wir dem barmherzigen Gott begegnen.
Sie will uns auf dem Weg in dein ewiges Reich begleiten.

❼

1. M.: Herr, auch wenn ich Angst habe,
will ich sagen: Ich vertraue auf dich.
Auch wenn ich allein dastehe,
will ich sagen: Du bist bei mir.

2. M.: Herr, auch wenn es dunkel um mich wird,
will ich sagen: Ich glaube an dein Licht.
Auch wenn ich manchmal nicht mit dir spreche,
will ich sagen: Du bist mein Freund.

1. M.: Herr, auch wenn ich einmal in Not bin,
will ich sagen: Du gibst mir täglich das Brot.
Auch wenn ich mich schwach fühle,
will ich sagen: Du gibst mir Kraft.

2. M.: Herr, auch wenn es still um mich ist,
will ich sagen: Du bist mir ganz nahe.
Auch wenn alles gegen dich spricht,
will ich sagen: Ich glaube an dich.

❽

1. M.: Wir glauben an dich, barmherziger Gott.
Aus deiner Hand können wir nicht fallen.
Wenn wir noch so falsche Wege gehen,
ein Pfad zurück steht uns immer offen.

2. M.: Wir glauben an dich, Bruder Jesus Christus.
Du gehst als Freund unsere Wege mit.
Du leidest mit uns. Du stirbst mit uns.
Du führst uns aus dem Tod ins Leben.

1. M.: Wir glauben an dich, Heiliger Geist.
Du möchtest uns das Herz für alles Gute öffnen.
Du bist Licht auf unserem Weg.
Wenn du uns erfüllst, können wir uns versöhnen.

2. M.: So beten wir dich an, du manchmal so ferner Vater.
So lieben wir dich, du manchmal so naher Jesus.
So geben wir dich weiter, du manchmal so heilender Geist,
und möchten dich begeistert bezeugen.

3. Fürbitten mit Symbolgaben
(Sie münden in die Gabenbereitung)

Gl.: Es werden nun verschiedene Symbole zum Altar gebracht, und wir
tragen dazu unsere Bitten vor:

1. M.: *(mit einem Stein)*
Herr, ich bringe diesen Stein zum Altar. Er ist ein Symbol für
Mauern, die manchmal zwischen uns stehen, und ein Sinnbild für
unser Herz, das manchmal steinhart ist. -
Wir bitten dich: Reiß alle Mauern nieder: die der Trennung, des
Unfriedens und Hasses.

2. M.: *(mit einem Schlüssel)*
Herr, ich bringe diesen Schlüssel zum Altar. Er ist ein Werkzeug
zum Öffnen und Schließen.

Hilf, daß wir uns füreinander öffnen in Wohlwollen und Vertrauen.
Öffne unsere Herzenstüren für deine Geschenke.

3. M.: *(mit einer Rose)*
Herr, ich bringe zum Altar eine Rose. Wir schenken einander Rosen,
um uns Freude zu machen und unsere Zuneigung zu zeigen. Nimm
diese Rose an als Zeichen unserer Liebe – zueinander und zu dir.
Laß auch heute viele Menschen in Liebe für dich entbrennen.
Schenke ihnen die Kraft, Zeugen deiner Frohen Botschaft zu sein.

4. M.: *(mit einer Kette)*
Herr, ich lege diese Kette auf deinen Altar. Sie ist ein Symbol für alle
Glieder unserer Pfarrgemeinde: die gesunden und kranken, die jun-
gen und alten, die reichen und armen.
Schenke uns den Mut, immer wieder in Geduld, Veränderungsbereit-
schaft und Liebe aufeinander zuzugehen.

5. M.: *(mit einer Schale Brot)*
Herr, ich bringe zum Altar diese Schale mit Brot.
Laß uns alle, so verschieden wir auch sind, durch die Teilnahme an
diesem einen Brot mit dir und untereinander eins werden.

6. M.: *(mit dem Kelch, in dem Wein ist)*
Herr, ich bringe zum Altar diesen Kelch mit Wein. Wein erzählt
vom Fest des Lebens.
Mache auch uns bereit für diese Feier der Freude und des Dankes.

Gl.: Denn dein Geist belebt die ganze Welt und führt sie zum Frieden.
Durch dich preisen wir den Vater in alle Ewigkeit. Amen.

(Nach einer Idee von Sr. Doris Karle, Aichbach)

4. Meditationen zur Gabenprozession

❶

1. M.: Wir bereiten das heilige Mahl und bringen *Blumen:*
Zeichen von blühendem Leben. Blumen, die hindeuten auf das Fest,
zu dem wir geladen sind. *(auf den Altar stellen)*

2. M.: Wir bereiten das heilige Mahl und bringen *Kerzen:*
Licht, das unser Leben erhellt und hinweist auf das Licht der Welt:
Jesus Christus in unserer Mitte. *(auf den Altar stellen)*

3. M.: Wir bereiten das heilige Mahl und bringen das *Brot:*
Frucht der Erde und der Arbeit vieler Menschen.
Im Brot werden alle gestärkt, die sich sehnen nach einem Leben in
Fülle. *(Schale mit Brot auf den Altar stellen)*

4. M.: Wir bereiten das heilige Mahl und bringen den *Wein:*
Er erzählt von der Freude des Lebens. Er nährt immer neu die Hoff-
nung auf Erlösung und ein Fest mit allen Völkern - ohne Ende.
(Kelch auf den Altar stellen)

5. M.: Wir bereiten das heilige Mahl und bringen gleich die *Kollekte:*
Hände, die teilen und wissen um Ungerechtigkeit und bittere Not.
Offene Hände bereiten den Weg in die neue Stadt Jerusalem, wo
Frieden wohnt für alle. *(Körbchen wird nach der Kollekte auf den Altar
gestellt)*

(Nach einem Gottesdienst am 21.6.92 vom Katholikentag in Karlsruhe)

1. M.: *(mit einem Blumenstrauß in einer Vase)*
Ich bringe Blumen für den Altar. Was hier auf dem Altar geschieht,
kann den erfreuen, der sich dafür öffnet. *(stellt die Blumen hin)*

2. M.: *(mit einer Kerze auf einem Leuchter)*
Ich stelle eine Kerze auf den Altar. Sie ist ein Symbol für Jesus
Christus, der gesagt hat: „Ich bin das Licht der Welt."
In seiner Leuchtkraft können auch wir wie diese Kerze die Welt
heller machen. *(auf den Altar stellen)*

3. M.: *(mit der goldenen Schale voller Hostien)*
Auch das Korn ist wie die Blume auf dem Feld gewachsen.
Viele Körner kommen im Brot zusammen, das uns stärkt.
So wie die Gemeinschaft von vielen um den Altar auch jeden von
uns stärker machen kann. *(Schale auf den Altar stellen)*

4. M.: *(mit dem Kelch)*
Der Kelch ist nach oben offen wie der Blütenkelch einer Blume.
Er ist bereit, zu empfangen und auszuteilen.
So möchten auch wir weiterschenken, was wir empfangen.
(Kelch auf den Altar stellen)

5. M.: *(mit einem Kännchen Wasser)*
Kein Lebewesen kommt ohne Wasser aus. Mit dem Tropfen Wasser,
der in den Kelch fällt, geben wir uns selbst:
unsere Freude und Not, unseren Jubel und unsere Tränen; alles soll
verwandelt werden. *(einem Ministrant übergeben)*

(Nach einer Idee bei Arnold Poll, Aachen)

❸

Hinweis: Besonders zum Erntedank einsetzbar.

1. M.: In meinen Händen halte ich eine Schale.
Aber sie ist leer.
Gl.: Ich fülle sie und schenke dir Erde,
fruchtbare Erde unserer Gärten und Felder.
1. M.: Dank sei Gott für die Erde.
(bleibt mit der Schale in den Händen stehen)

2. M.: In meinen Händen halte ich Samenkörner.
Aber sie sind hart und leblos.
Gl.: Streu sie auf die Erde, damit sie keimen und wachsen.
(M. streut den Samen auf die Erde in der Schale)
2. M.: Dank sei Gott für alles, was wachsen kann.

3. M.: In meinen Händen halte ich einen Krug.
Aber er ist leer.
Gl.: Ich fülle ihn und gebe dir Wasser –
reines, klares Wasser. Nimm es,
und laß es zum Lebensspender für alle werden.
3. M.: Dank sei Gott für das Wasser.
(gießt einige Tropfen über die Samen in der Erdschale.
Schale und Krug mit Wasser werden vor dem Altar abgestellt.)

4. M.: Meine Hände halten eine Kerze.
   Aber sie ist kalt und tot.
Gl.: Ich zünde sie an der Osterkerze an.
   Hüte ihre Flamme! Freue dich an ihrem Schein,
   und laß sie leuchten für alle.
4. M.: Dank sei Gott für das Licht.
   (stellt die Kerze auf den Altar)

5. M.: Meine Hände halten nichts Sichtbares, nur Luft.
Gl.: „Nur" Luft? Bewege dich im Raum, atme bewußt ein und aus.
   Dann spürst du die Luft, die dich umgibt.
   Du brauchst sie zum Leben!
5. M.: Dank sei Gott für die Luft.

(1. - 5. MinistrantIn gehen an ihren Platz zurück)

6. M.: Meine Arme können die Pracht kaum fassen.
Gl.: Diese Blumen sollen zeigen, wie sehr wir uns darüber freuen,
   daß Gott uns liebt.
6. M.: Dank sei Gott für die Blumen.
   (stellt die Blumen auf dem Altar ab)

7. M.: *(bringt die Hostienschale)*
   Ich bringe das Brot - und mit ihm alle Mühe
   der arbeitenden Menschen.
Gl.: Gott wandle es zum Brot, das ewiges Leben schenkt.
7. M.: Dank sei Gott für das Brot.

8. M.: *(bringt den Kelch)*
   Ich bringe den Wein - und mit ihm die Freude in unser Leben.
Gl.: Gott wandle ihn zum Trank, der ewiges Leben schenkt!
8. M.: Dank sei Gott für den Wein.

(Eingesandt von Rosa Rosenfellner, A-3352 St. Peter/Au)

❹

Hinweis: Besonders in einem Ferienlager einsetzbar.

Tisch (zwei MinistrantInnen bringen einen Tisch)

1. M.: Der Altar als Tisch ist die Antwort auf unsere Not,
denn wir kommen zu Gott mit unserem Hunger
und suchen bei ihm Frieden.

2. M.: Sich um einen Tisch setzen: Daheim sein, Gutes erwarten.

Tischtuch (zwei MinistrantInnen bringen ein Tischtuch)

3. M.: Wir decken den Tisch füreinander.

4. M.: Wir wollen uns nicht allein an den gedeckten Tisch setzen.
(Tischtuch über den Altar legen)

Kerzen (zwei MinistrantInnen bringen Kerzen)

5. M.: Wir bringen Kerzen.
Vertrauen bringt Licht in unser Leben.

6. M.: Vertrauen – ein Risiko; aber die einzige Möglichkeit,
Geborgenheit zu finden. *(Kerzen auf den Altar stellen)*

Blumen (zwei MinistrantInnen bringen Blumen)

7. M.: Blumen sind schön wie die Freude.
Freude verschönert das Verhältnis zwischen den Menschen.

8. M.: So wie wir uns Blumen schenken, so auch die Freude.
(Blumen auf den Altar stellen)

Brot und Wein

9. M.: Brot sättigt Hungernde, Wein trinken verbindet.
Brot und Wein als Symbol für Christus und Gemeinschaft.

10. M.: Brot ist lebensnotwendig. Wein stimmt festlich.
Wir wollen alles miteinander teilen. *(auf den Altar stellen)*

Kreuz

11. M.: Kreuz – Zeichen der Erlösung.
Jesus, der Sohn Gottes, hat uns nicht hängen lassen.
Das feiern wir in jeder heiligen Messe.

12. M.: Kreuz – Zeichen der Hoffnung.
Er ist der Weinstock, wir sind die Reben.
Er ist die Grundlage für unser Vertrauen. *(auf den Altar legen)*

(Verkürzt nach Rosa Rosenfellner)

Quellennachweis

S. 27: Anthony de Mello, Warum der Vogel singt. Geschichten für das richtige Leben. Verlag Herder, Freiburg/Basel/Wien, 19. Aufl. 1997.

S. 30: Lothar Zenetti, Sieben Farben hat das Licht, 1975, Rechte beim Autor.

S. 39f: Antoine de Saint Exupéry, Der Kleine Prinz. 1950 und 1998. Karl Rauch Verlag, Düsseldorf.

S. 88ff: Monikas Osterlicht, nach Mechthild Theiss, in: Rolf Krenzer/ Volker Fritz (Hg.), 100 einfache Texte zum Kirchenjahr. Verlag Ernst Kaufmann, Lahr.

S. 93f: Gruppe SOMA, in: Hermann Josef Coenen, Ich suche einen Faden. Patmos-Verlag, Düsseldorf 1983, Seite 116.

S. 99f: Nach Heinrich Lhotzky, in: Kurt J. Bucher, Modelle für Schulgottesdienste. rex verlag, Luzern, 1978, vergriffen.

S. 102f: Anne Steinwart, Ein Kind sagte zu einem alten Brückenbauer ... Rechte bei der Autorin.

S. 107: Nach Gerhard Eberts, Familiengottesdienste, rex verlag, Luzern, 1986, Seite 103.

Weitere Bücher für Gruppenstunden und Religionsunterricht

Willi Hoffsümmer

27 Modelle für Gruppenstunden und Religionsunterricht

160 S. Kt. ISBN 3-7867-1856-3

In 27 ausgearbeiteten Modellen greift Hoffsümmer Themenbereiche auf wie Gewissensbildung, Gemeinschaft, Liebe, Umwelt, Buße und Beichte, aber auch Aktionen, die das „Ich" und „Wir" stärken.

Willi Hoffsümmer

33 Gruppenstunden für Ministranten
geeignet auch für Schule, Kinder- und Jugendarbeit

148 S. Kt. ISBN 3-7867-1241-7

Der Autor legt 33 Modelle vor, die jede Menge Ideen liefern, um interessante Gruppenstunden zu halten und Glaubenswissen zu vermitteln.

Matthias-Grünewald-Verlag · Mainz

Neue (Kurz-)Geschichten von Willi Hoffsümmer

In Geschichten das Leben spiegeln

Band 1: 140 Geschichten mit Anregungen für Gottes-dienst, Schule und Gruppe

184 S. Kt.
ISBN 3-7867-2045-2

Die 140 Geschichten sind nach Zeiten des Kirchenjahres sowie nach Themen geordnet und ermöglichen einen ge-lungenen Einstieg in eine Predigt oder ein Unterrichts-thema. Meist werden stichwortartig Anregungen für die Verwendung und Möglichkeiten zur Weiterarbeit gege-ben.
Wer Hoffsümmers Kurzgeschichten-Bände kennt, wird auf diese neue Reihe nicht verzichten wollen!

Matthias-Grünewald-Verlag · Mainz